Saibling, Salz & Seenglück

Eine Reise ins Ausseerland (nicht nur) für Juristen

Barbara Sternthal

SAIBLING, SALZ & SEENGLÜCK

Eine Reise ins Ausseerland
(nicht nur) für Juristen

MANZ'sche Verlags- und Universitätsbuchhandlung
Wien 2021

Alle Rechte, insbesondere das Recht der
Vervielfältigung und Verbreitung sowie der Übersetzung,
vorbehalten. Kein Teil des Werkes darf in irgendeiner
Form (durch Fotokopie, Mikrofilm oder ein anderes
Verfahren) ohne schriftliche Genehmigung des Verlages
reproduziert oder unter Verwendung elektronischer Systeme
gespeichert, verarbeitet, vervielfältigt oder verbreitet werden.
Sämtliche Angaben in diesem Werk erfolgen trotz sorgfältiger
Bearbeitung ohne Gewähr; eine Haftung der Autorin sowie
des Verlages ist ausgeschlossen.

ISBN 978-3-214-02715-5

© 2021 MANZ'sche Verlags- und Universitätsbuchhandlung GmbH, Wien
Telefon: +43 1 531 61-0
E-Mail: verlag@manz.at
www.manz.at
Druck: FINIDR, s.r.o., Český Těšín

Layout: Barbara Sternthal
Lektorat: Christopher Dietz

Inhalt

7 **Zu Beginn**
Die hörbare Stille

25 **Salziges Aussee**
Geschichten vom Weißen Gold

45 **Geheimnisse**
Von verborgener Kunst und versenkten Schätzen

63 **Ausseer Gäste**
Sommerfrische, Liebesgeschichten & Rechtsgelehrte

91 **Ausseer Spezialitäten**
Ein Kaleidoskop der Möglichkeiten

121 **Anhang**
121 *Personenregister*
124 *Bibliografie (Auswahl)*
126 *Bildnachweis*
127 *Dank / Die Autorin*

ZU BEGINN
Die hörbare Stille

Ankommen. Sich niederlassen. Atmen. Schauen. Der See liegt ruhig und dunkel, das Schilf beugt sich anmutig einer milden Brise. Sanft streicheln kleine Wellen die Stufen am Ende des Stegs. Ein Schwan zieht elegant über das Wasser, und die massive Felswand dort vorne wirkt, als würde sie von innen leuchten. Die Luft ist würzig, duftet nach Nadelwald und Wiesen voller Blumen und heilsamer Kräuter. Wie eine wehrhafte Burg thront hoch über all dem der Loser. Erst eine Stunde ist man hier und hat doch schon das Gefühl, alle Mühsal des Alltags hinter sich gelassen zu haben.

Wer einmal ins Ausseerland gereist ist, kommt immer wieder. Um die Seele mit all dem Benennbaren und Nichtbenennbaren aufzufüllen, das hier jedes Molekül erfüllt, um körperlich und seelisch Kraft zu tanken. Manchmal, wenn es sehr ruhig ist – zwischen den Saisonen oder ganz früh am Morgen –, dann fühlt sich das Ausseerland an, als wäre es gar nicht von dieser Welt. Ein Eindruck, der noch an Intensität gewinnt, wenn man aus der Stadt kommt. Die Seen, die Wiesen, die Berge, selbst die schönen Häuser mit ihren Holzveranden wirken dann in ihrer Ruhe, als existierten sie in einer Art Paralleluniversum, in dem alles – auch man selbst – in vollkommener Balance ist. Doch zum Glück ist das Ausseerland sehr real – und dabei eine der außergewöhnlichsten Regionen Österreichs.

»Wer nach Altaussee kommt, will nirgendshin als nach Altaussee und wollte er's, so könnt' er's nicht. Altaussee ist ein Abschluss, ein krönender! Die Berge liegen nicht einfach um den See, sie umfassen und umhegen ihn, sie bilden beinahe eine Art Festung, in der man sich wohlig geborgen fühlt.« *Friedrich Torberg*

Koordinaten

Wenn das Salzkammergut manchmal als Österreichs zehntes Bundesland bezeichnet wird, dann ist das Ausseerland sein elftes. De facto ist dieser Landstrich ein Teil der Steiermark. Noch etwas genauer: Es ist der steirische Teil des Salzkammerguts, zu dem auch Teile Oberösterreichs und Salzburgs zählen. Spitzfindigkeiten, so richtig sie auch sein mögen, die für die glücklichen Bewohner dieses herrlichen Stücks Erde nur bedingt Bedeutung haben. Ein Ausseer ist ein Ausseer, eine Ausseerin eine Ausseerin – die verwaltungstechnische Willkür, die das Ausseerland der Steiermark zurechnet, nimmt man hier gelassen zur Kenntnis und ignoriert sie ansonsten so weit wie möglich.

Man sollte jedoch auf keinen Fall den Fehler begehen, diese selbstbewusste Eigenwilligkeit als eine Laune oder womöglich gar als inszenierte Folklore zu interpretieren. Ausseer und Ausseerinnen sind Individualisten und als solche von Generation zu Generation erzogen und sozialisiert. Man pflegt ein gewisses Außenseitertum, das nicht einmal der mitunter fast schon invasive Tourismus zu beeinträchtigen vermochte. Vielleicht entstand diese besondere Mentalität aufgrund des Spannungsfelds, in dem die Menschen hier seit Jahrhunderten leben: abgeschieden und, dank des Salzes, doch im Zentrum vieler Interessen; frei und doch ausgebeutet; traditionsverbunden, die Hierarchien respektierend und trotzdem auch immer ein wenig anarchisch.

Hinter den sieben Bergen ... So oder so ähnlich würde man eine Beschreibung, wo das Ausseerland eigentlich liegt, also mit Recht gern beginnen. Denn gemessen an den engen Tälern und dem Pass, über den muss, wer ins Ausseerland will, hat es den Anschein, als läge es genau dort: hinter den sieben Bergen. Eine derartig märchenhafte Verortung ist gar nicht so verkehrt, ist das Ausseerland doch tatsächlich von einer ganzen Reihe von Bergen umsäumt: Die Ausläufer des mächtigen Toten Gebirges bilden den nördlichen und östlichen, das Dachsteinmassiv den südlichen Rand. Unmöglich zu übersehen sind von Bad Aussee und Altaussee aus Loser, Sandling, Hoher Sarstein, Zinken sowie Trisselwand und von Grundlsee aus noch Türkenkogel und Backenstein.

Bei genauer Zählung (und wenn man ein paar weitere Gipfel jetzt einmal großzügig vernachlässigt) kommt man also tatsächlich auf sieben omnipräsente Berge und dazu zwei Gebirgszüge, die eine malerische Hochebene umschließen, die sich ihrerseits in bester Bilderbuchmanier präsentiert: zwei größere Seen, zwei kleinere (einer davon sehr geheimnisumwoben) im hintersten Winkel und einer, der kaum noch ein See ist, aber dennoch einen Namen hat. Die Rede ist, natürlich, vom Altausseersee und vom Grundlsee, vom Toplitzsee und vom Kammersee hinter Gößl sowie vom Ostersee, der nur durch die Seewiese vom Altausseersee getrennt ist. Dazwischen prägen gemächlich ansteigende Wiesen und Wälder, kleine Dörfer und das stolze Bad Aussee die Landschaft.

Auch Bad Aussee verfügt über einen See (den Sommersbergsee), vor allem aber über die ehrwürdigsten Koordinaten des Landes. Hier nämlich, im Kurpark von Bad Aussee, um genau zu sein, liegt Österreichs geografischer Mittelpunkt. Ablesen lässt sich das an dem gewichtigen Mittelpunktstein mit seiner kreisrunden Bronzescheibe – dem Nabel des Landes.

Zu Beginn

Vom Werden der Landschaft

Die Geschichte der äußeren Form der Ausseer Landschaft ist lang und dennoch in einem kurzen Absatz zu erzählen. Sie beginnt vor rund zweihundert Millionen Jahren im Mesozoikum; jener Zeit, in der der Superkontinent langsam auseinanderzufallen begann und die Kontinente in ihre heutige Lage drifteten. Damals war das Ausseerland nichts als unter einem mächtigen Urmeer – der Tethys – ruhender Meeresboden. Als sich die Kontinente verschoben, blieb das auch hier nicht ohne Wirkung: Gesteinsschichten wälzten sich über- und untereinander, wurden zertrümmert und zermalmt und formierten sich neu. Und als im Zuge dessen das Meer verdampfte, ließ es zwischen den Sedimenten das Salz zurück.

Nach diesem hitzigen geologischen Chaos wurde es erst einmal sehr kalt. Die Eiszeit ließ eine riesige Eisdecke entstehen, die ihrerseits durch Druck und Reibung das Tote Gebirge und den Dachstein formte. Als auch dieses Erdzeitalter langsam zu Ende ging und die massive Eisdecke dünner und dünner wurde, bis sie schließlich fast verschwand, verpassten die übrig gebliebenen großen Gletscherzungen dem Land den letzten Schliff. Sie schoben riesige Schuttmassen vor sich her, zogen sich dann von diesen zurück und füllten mit ihrem Schmelzwasser

Gegenüber Rechtlich nach wie vor ungeklärt sind die Besitz- und Nutzungsverhältnisse des idyllischen Sommersbergsees. Zur Zeit, da dieses Buch entstand, wurde am Landesgericht Leoben darüber verhandelt. Zumindest hat der Gemeinderat Bad Aussees einstimmig erklärt, dass das Ufer des Sees kein Bauland ist. Tatsache ist, dass dieser natürliche Moorsee mit seinen Seerosenteppichen und der ausgezeichneten Wasserqualität ein Naturjuwel erster Güte ist.

die solcherart modellierten Becken. Altausseersee und Grundlsee waren entstanden.

Was das Ausseerland einmal mehr besonders macht, ist die Tatsache, dass aus den geologischen Zeitaltern in dieser Region ungewöhnlich viele verschiedene Fossilien- und Gesteinsarten gefunden wurden. Genau die gleichen steinernen Zeugen einer uralten Geschichte wurden auch in anderen Weltgegenden nachgewiesen, und zwar in sehr weit entfernten: im Himalaya etwa oder in Neuseeland und auf der Insel Timor.

Man orientiert sich im Ausseerland jedoch nicht nur an den Relikten erdgeschichtlicher Formgebung, sondern auch am fließenden Wasser der Traun, die ja genau genommen ebenfalls ein geohistorisches Überbleibsel ist. Wobei das so einfach nicht ist, da es mehrere Flüsschen dieses Namens gibt, was für Ortsunkundige zu einer gewissen Verwirrung führen kann. Dabei ist es eigentlich ganz einfach: Es gibt drei Traun-Quellen und dementsprechend eben auch drei miteinander freundlich kooperierende Flüsse mehr oder weniger gleichen Namens.

Die Quelle der Grundlsee-Traun liegt im Toten Gebirge hinter dem Kammersee, wo sie auf einer Höhe von über neunhundert Metern entspringt und dann als pittoresker Wasserfall von überschaubarer Größe in die Tiefe plätschert, bevor sie den Kammer-, den Toplitz- und den Grundlsee durchfließt. Ganz unspektakulär entspringt die Altausseer Traun am Nordende des Altausseersees, durchfließt und entwässert diesen, um dann wie die Grundlsee-Traun in Richtung Bad Aussee zu fließen. Dort kommt noch eine dritte Traun dazu: die Ödenseer oder Kainisch-Traun, die an den Flanken des Dachsteins entspringt. Alle drei treffen also in Bad Aussee aufeinan-

Vom Werden der Landschaft

Das perfekte Ambiente an einem der schönsten Orte der mittleren Alpen, um zu innerer Ruhe zu gelangen und Kraft zu schöpfen, Stress abzustreifen und sich wieder auf den eigenen Rhythmus zu besinnen: der Altausseersee.

der, wo sie sich verbinden, um dann als Koppentraun in Richtung Hallstätter See zu fließen. Erst wenn die Traun am anderen Ende des Hallstätter Sees, bei Steeg-Gosau, wieder als Fluss erkennbar wird, trägt sie den schlichten Namen Traun.

Zugegeben, um das Ausseerland zu genießen, muss man weder die Namen der einzelnen Traun-Flüsse kennen noch ihre Ursprünge genau zuordnen können. Ausgenommen davon sind vielleicht passionierte Angler, da streckenweise alle drei Traun-Ursprungsflüsse und die Koppentraun als Paradies für Fliegenfischer gelten. Und die insgesamt acht Kilometer der Koppentraun ab Bad

Aussee sind der Traum vieler Wildwasserpaddler, die sich hier durch die elementaren Kräfte des Wuchtwassers schlagen.

Für die Ausseer dagegen war die Traun über Jahrhunderte nicht zum Vergnügen da, sondern gleichermaßen Alltag – und von vitaler Bedeutung: Auf der Traun wurde lange das Salz transportiert, und die drei Quellflüsse dienten vor allem als Triftgewässer. Hier wurde das Holz, das man zur Befeuerung der Sudpfannen benötigte, übers Wasser nach Bad Aussee und später auch nach Bad Ischl und Ebensee transportiert. Beeindruckend ist heute noch der Flössschacht, der im 16. Jahrhundert zwischen Kammer- und Toplitzsee in die Felsen geschlagen wurde. Es ist ein enger Kanal mit glatten Felswänden, an deren oberen Kanten die Flößer ihrer lebensgefährlichen Arbeit nachgingen, indem sie die Bewegungen der mächtigen Holzstämme unter Kontrolle hielten.

Zeitenwanderung

»Wer aufmerksam durch den Markt Aussee geht«, schrieb Johanna Gräfin zu Eltz 1947, »entdeckt noch manch Altes, Historisches. Vieles ist übertüncht und modernisiert, aber ganz konnte das aufdringliche neue Gewand das Alte doch nicht verdecken.« Abgesehen davon, dass auch im Ausseerland nicht alles Neue zwangsläufig aufdringlich wirkt, kann man der Gräfin selbst heute noch beipflichten: Manches Alte lässt sich im Markt, der 1868 zum Kurort erklärt wurde, seit 1911 den Titel »Bad« trägt und 1994 zur Stadt erhoben wurde, noch entdecken.

BEGRIFFSDEFINITION Kammergut – *terre dominicae* oder *Domanial* – ist ein veralteter Rechtsbegriff, der sich auf das Eigentum eines Herrschers oder einer regierenden Familie bezieht. Es waren gemeinhin Wälder und Ackerland, aber auch Monopole wie Salinen oder die Münze, die zu einem Kammergut zählten. Starb ein Landesherr, so ging das Kammergut auf seinen Rechtsnachfolger über, und zwar selbst dann, wenn eine neue Dynastie an die Macht kam. Überschüsse aus einem Kammergut wanderten in die Privatschatulle des Landesherrn – im Unterschied zu Staatsgütern, deren Überschüsse nur für Staatszwecke verwendet werden durften. Näheres zu den diesbezüglichen Feinheiten des Salzkammerguts und ihren Besitzern, den Habsburger Monarchen, ist im folgenden Kapitel – »Salziges Aussee« – zu finden.

Für den Zeitenwanderer ist Bad Aussee ein fruchtbares Terrain, da man allenthalben auf Zeugnisse einer ebenso stolzen wie lebendig erhaltenen Geschichte stößt. Dieses Zentrum des Ausseerlandes war auch das Zentrum der Salzgewinnung und der Verwaltung dieses Schatzes, selbst wenn davon heute kaum noch etwas bemerkbar ist. Denn dort, wo lange Zeit das Pfann- oder Sudhaus (jenes Gebäude, in dem aus der Sole Salz gewonnen wurde) stand, befindet sich heute Bad Aussees Kurpark samt dem Café Lewandofsky, das seinerseits ebenfalls eine traditionsreiche Institution ist. Reizvoll, heute im Garten des Lewandofsky zu sitzen und sich vorzustellen, wie umtriebig es hier zugegangen sein muss, als sich die Saline noch im Markt Aussee – dem Ortskern des heutigen Bad Aussee also – befunden hat.

Vielleicht gibt man dann angesichts des überdimensionierten Mercedes-Sterns, der seit 2005 den Zusammenfluss der drei Traun-Quellflüsse überspannt, der

Zu Beginn

Im Prinzip ist Bad Aussee ein beschauliches Städtchen – wären da nicht die drei Traun-Flüsse, die sich durchaus temperamentvoll im Zentrum der Stadt treffen. Hier die Grundlsee-Traun, kurz bevor sie sich mit der Altausseer Traun und der Kainisch-Traun vereint.

oben zitierten Gräfin zu Eltz doch recht, dass nicht alles, was neu ist, auch gut sein muss, und gönnt sich ein wenig Sightseeing anderswo. Oben auf dem Chlumeckyplatz zum Beispiel, wo der im 14. Jahrhundert errichtete Kammerhof nicht nur ein wunderschönes Beispiel gotischer Profanbaukunst ist: Hier hatte des Kaisers oberster Salz-Controller seinen Sitz und achtete darauf, dass salz- und profitmäßig alles mit rechten Dingen zuging. Man sollte sich das Vergnügen gönnen, diesen äußerlich schlicht wirkenden Bau im Inneren genauer zu betrachten. Das Kaiserzimmer etwa, wo die Kaiser Friedrich III.

und Maximilian I. einst übernachteten und das Mitte des 18. Jahrhunderts mit Fresken ausgestattet wurde, auf denen man sehen kann, dass das rurale Ausseerland seit damals immerhin nur punktuell schmerzhafte bauliche Interventionen in Kauf nehmen musste.

Viel weiter zurück in die Geschichte wandert man entlang der Exponate des im Kammerhof eingerichteten Museums. Die sehenswerte Sammlung konzentriert sich auf die Geschichte des Ausseerlandes und damit auf alles, was essenziell dazugehört: Salz, Tracht, Volksmusik und Traditionen. Hier zeigt sich aber auch überaus anschaulich, wie weit die menschliche Geschichte des Ausseerlandes zurückreicht. Man erfährt, dass es auf dem Salzofen, einem rund zweitausend Meter hohen Gipfel im Toten Gebirge auf Grundlseer Gemeindegebiet, Nachweise für paläolithische Jäger gibt: In der riesigen, von den Grundlseer Berufsjägern Ferdinand Schraml und Franz Köberl entdeckten Salzofenhöhle fand man ab den 1920er-Jahren nicht nur Fossilien und Tierknochen eiszeitlicher Raubtiere, sondern eben auch Steinwerkzeuge und Holzkohlestücke. Mittels Radiokohlenstoffdatierung konnte man für die Artefakte ein Alter von über 30 000 Jahren feststellen. Die ersten Ausseer? Wahrscheinlich. In jedem Fall dürfte die Region durch die Epochen der Menschheitsgeschichte hindurch ununterbrochen bewohnt gewesen sein: Es gibt Relikte aus der Bronze- und der Eisenzeit, als hier keltische Stämme lebten, und Funde spätrömischer Siedlungen.

Abgesehen vom Römerstein im Tonnengewölbe des Gasthauses Blaue Traube in der Bad Ausseer Kirchengasse und von einigen weiteren Funden finden sich aus der römischen Ära allerdings weitaus weniger Spuren als aus der nachfolgenden Völkerwanderung. Mit jener kamen die Slawen und eine Weile später die Bajuwaren, die sich ebenfalls im Ausseerland niederließen. Was daraus entstand, war ein Völkeramalgam, das sich in zahllosen Flurnamen niederschlug, die einmal aus jener, ein andermal aus der anderen Sprache stammen: Aus *usdje,* dem altslawischen Wort für Flussmündung oder Zusammenfluss, wurde Aussee. Aus dem mittelhochdeutschen *vischarn* – wo die Fischer wohnen – wurde der Ortsteil Fischerndorf, aus dem altslawischen *dresga* – bewaldeter Felsen – der Tressenstein. Und wer durch das enge Koppental nach Aussee kommt, ist damit an die Kelten erinnert: *coppo* bezeichnete in deren Sprache ein steil abfallendes Gelände.

Erinnerungen an eine jüngere Vergangenheit bergen andere Bauten in Bad Aussee. Der in der Beletage des Städtchens gelegene Chlumeckyplatz war ganz und gar in der Hand der kaiserlichen Kammerbeamten. Da gibt es neben dem spätgotischen Kammerhof das aus derselben Zeit stammende Hoferhaus (in dem die Salzverweser wohnten) und das Haus der Forstverwaltung, das allerdings erst im 19. Jahrhundert errichtet wurde.

Im geografischen Erdgeschoß befindet sich hingegen der Meranplatz mit dem Geburtshaus der Postmeisterstochter Anna Plochl, in dem sie 1885 als Gräfin von Meran und Witwe ihres geliebten Erzherzogs Johann auch starb.

Gleich um die Ecke, in der Mühlgasse, steht das schöne Sgraffitohaus, die ehemalige Steinmühle. Dieses wiederum erinnert an eine der ungewöhnlichsten Ausseer Gestalten: Joseph Fröhlich, geboren 1694 in Altaussee und ausgebildeter Müller, den es an den

Dresdner Hof des sächsischen Herzogs August des Starken verschlug. Dort wurde er dank gewitzter Reden und unterhaltsamer Taschenspielertricks (er hatte sie einst auf der Walz gelernt) Hofnarr dieses charismatischen Herrschers und dann auch dessen Mühleninspektor sowie – Detail am Rande – Zahnarzt. So berühmt war Fröhlich am sächsischen Hof, dass Johann Joachim Kändler, virtuoser Modelleur der Meissner Manufaktur, eine Porzellanplastik des ausgewanderten Ausseers anfertigte, die man heute noch in Museen bewundern kann. Für ein paar Jahre kehrte Fröhlich zurück ins Ausseerland und kaufte die Steinmühle. Doch es hielt ihn hier nicht mehr, also ging er wieder zurück nach Sachsen und starb schließlich in Warschau. Vergessen hat man diesen kosmopolitischen Altausseer nie: Erst jüngst gestaltete der Bildhauer Johann Feilacher ein Denkmal, das im Juli 2019 vor dem Altausseer Amtshaus feierlich enthüllt wurde.

Kaum ein Ausseer, der so häufig Eingang in die Kunstgeschichte gefunden hat: Joseph Fröhlich, Herzog Augusts Hofnarr am sächsischen Hof zu Dresden, wurde von Bernardo Bellotto, genannt Canaletto, gemalt, in zahlreichen Zeichnungen, Skulpturen und einem Roman verewigt und mehrfach in Meissner Porzellan modelliert. Hier ist er mit »Baron« Gottfried Schmiedel zu sehen, seinem kongenialen närrischen Partner in Dresden. Das Porzellanpaar ist eine Arbeit von Johann Joachim Kändler und stammt aus dem Jahr 1741. Im Dresdner Grünen Gewölbe gibt es außerdem eine kostbar verzierte Elfenbeinfigur, die Fröhlich auf einem Nachttopf sitzend darstellt.

Zu Beginn

Macht man sich von Joseph Fröhlichs Sgraffitohaus in der Mühlgasse auf den Weg in Richtung Kurpark, kommt man an der bescheidenen Spitalkirche vorüber, in der sich der wunderbare, von Kaiser Friedrich III. gestiftete Gnadenstuhlaltar befindet. Er erinnert an die Sozialleistungen der Salinenverwaltung, die bereits im 14. Jahrhundert ein Krankenhaus in Aussee einrichten ließ. Hier wurden nicht nur die vielen Verletzungen der Salz- und Forstarbeiter behandelt, sondern auch andere Kranke kuriert und Arme mit Almosen bedacht.

Seewanderung

Einem Riegel gleich bildet der Pötschenpass die Grenze zwischen dem oberösterreichischen und dem steirischen Salzkammergut. Mit einer Seehöhe von nahezu tausend Metern war er selbst Mitte des 19. Jahrhunderts noch eine Herausforderung für Reisende und bot wohl genau jenen Nervenkitzel, den abenteuerlustige Adelige in ihren Ferien suchten. Also kamen sie – zuerst mit dem Kaiser bis nach Ischl und dann, auf der Suche nach schönen Jagdrevieren, über den Pötschen bis ins Ausseerland: die Kinsky, Czernin, Hohenlohe und viele mehr. Und als die k. k. privilegierte Kronprinz Rudolf-Bahn das Recht zum Bau einer »Locomotiv-Eisenbahn« zwischen Stainach-Irdning und Schärding über Ischl, Ebensee, Attnang und Ried erhielt, man also ganz bequem mit dem Zug nach Aussee reisen konnte, kamen auch die Künstler. Das Ausseerland wurde zur Sommerfrische für Individualisten und blieb das in vielerlei Hinsicht bis heute.

Am Südende des Toten Gebirges erstreckt es sich weit in eine sanfte Landschaft: das steirische Meer, besser bekannt als Grundlsee. Er zeichnet sich, wie sein Nachbar jenseits des Backensteins, der Altausseersee, durch eine hervorragende Wassergüte aus.

Die schöne, aber keineswegs immer liebliche, sondern manchenorts spröd-unnahbare Schönheit des Ausseerlands ist in hohem Maß durch die beiden größten Seen geprägt, durch den Altausseersee und den Grundlsee. Beide haben Trinkwasserqualität – und in beiden wohnt ein Wassermann.

Schenkt man der Sage Glauben, so barg der Grundlsee einst einen großen Schatz. Denn als einst, vor langer, langer Zeit ein paar arme Fischer auf den See hinausfuhren, gingen ihnen nicht nur Forellen, Saiblinge und

Hechte ins Netz, sondern verfing sich auch ein Wassermann darin, der sich auf dem Trockenen überaus unwohl fühlte. Als ihn die mitfühlenden Fischer wieder in die sanften Wellen des Sees entließen, bedankte er sich auf seine Art: »In euren Bergen lagert Kern«, soll er gerufen haben, und dann: »salzhandig, salzhandig!« Angeblich, so will es die Legende, lösten die Fischer das Rätsel noch auf ihrer Plätte und identifizierten das merkwürdige Wort »salzhandig« als »Sandling«, dessen kurze Zeit später entdeckter Salzgehalt den Ausseern fortan Arbeit und Existenz und Freiheit ermöglichte.

Schlummerte dieser Wassermann noch heute im bis zu 64 Meter tiefen See, so könnte er wohl manche Frage zum immer wieder rätselhaften Ausseerland beantworten. Wahrscheinlicher aber ist, dass er mit einem gewissen Wohlgefallen hin und wieder nach oben blicken und keinen Grund zum Auftauchen sehen würde. Der See wird immerhin mit großer Sorgfalt gehütet und geschützt, sodass weder die Gefahr lauter Motorboote noch sonst irgendwelcher menschlicher, die Natur verletzender Interventionen besteht.

Das Nordufer des Sees ist zwar durch eine Straße verbaut, über die man nach Gößl und von dort weiter in den Ortsteil Wienern mit dem Gipsbergwerk gelangt. Doch am Südufer lässt es sich herrlich dahinwandern und dem Backenstein, der das Nordufer des Sees karg und mächtig überragt, Respekt erweisen. Mit einer Sommertemperatur von bis zu 25 Grad Celsius – günstiges Wetter vorausgesetzt – geht man im Grundlsee auch gern schwimmen, und aufgrund der oftmals auftretenden temperamentvollen Thermikwinde lieben ihn auch Segler und Windsurfer.

Trinkwasserqualität hat auch der wegen seiner blauschwarzen Farbe von den Dichtern als »Tintenfass« bezeichnete Altausseersee. Und auch hier lebt dem Vernehmen nach ein Wassermann nebst Kobolden, Feen, Elfen sowie Berggeistern und Zwergen an seinem Ufer. Zumindest erzählt das die in Altaussee geborene (und hier lebende) Schriftstellerin Barbara Frischmuth in ihrem Roman *Die Mystifikationen der Sophie Silber*. All diese mythischen Figuren kommen der Titelheldin Sophie zu Hilfe, auf dass sie sich ihrer Vergangenheit stelle und darüber zu sich selbst finde.

Durchaus möglich, dass die buchstäblich tiefgründige Anziehungskraft des Altausseersees damit einhergeht, dass man in dieser Stille sich selbst näherkommt. Es sind keine mythischen Gestalten, die einem hier auf die Sprünge helfen, es ist der vielleicht schönste Spazierweg Österreichs: der Weg um den See, beglückende knapp acht Kilometer auf elastischem Boden, immer den See im Blick. Wer diesen Pfad im Uhrzeigersinn geht, hat eine Weile neben dem unergründlichen See viel Fels im Blickfeld – wie eine Wand, die sich noch der Erkenntnis in den Weg stellt. Doch dann kommt die Seewiese, und die Aussicht wird weit – ganz vorne der Dachstein und ansonsten sanft hügelige Wiesen, Bäume und Bauernhäuser. Manchmal, wenn man eine gute Zeit erwischt, herrscht hier entspannte Ruhe, wie man sie kaum sonst irgendwo findet und die man fast körperhaft wahrnimmt.

Hier kann man ankommen, sich niederlassen, tief atmen – und einfach nur schauen. Erkenntnisse, worüber auch immer, stellen sich an diesem Kraftplatz dann wie von selbst ein.

SALZIGES AUSSEE
Geschichten vom Weißen Gold

Ihren wahren Schatz trägt die Region auf der Zunge: Salzkammergut. Kein Wunder also, dass die Geschichte dieser Kostbarkeit aus den Bergen die Gegend und ihre Bewohner bis heute prägt, dass Kriege um das Weiße Gold geführt wurden und die Herrscher eifersüchtig über dieses Gut wachten.

Genutzt wurde das aus dem verdampften Urmeer gelöste, zwischen Anhydrit und Ton in den Salzbergen – im Fachjargon »Haselgebirge« – abgelagerte Salz bereits vor 7 000 Jahren. Es gibt archäologische Funde – darunter ein Pickel aus Hirschhorn sowie Steinbeile – aus der Jungsteinzeit um 5 000 v. Chr., die den berechtigten Schluss zulassen, dass die Menschen bereits damals Salz abbauten. Man hat diese Artefakte auf der Dammwiese oberhalb Hallstatts gefunden, wo das Salz buchstäblich aus dem Berg fließt: Die salzhaltigen Quellen dort oben zogen das Wild an, was den urzeitlichen Hallstättern das Jagen erleichterte und sie mit hoher Wahrscheinlichkeit auf die gute Idee brachte, das Salz auch sonst zu verwenden – etwa dafür, das Fleisch haltbar zu machen.

Um 1300 v. Chr., in der Bronzezeit, gab es in Hallstatt bereits ein fachmännisch ausgebautes Salzbergwerk, das bis zu dreihundert Meter in den dunklen Berg hineinreichte. Davon, wie professionell dieser Salzbergbau betrieben wurde, zeugt unter anderem eine ausgeklügelt konstruierte,

Der Schatz im Berg Selbst ein Bild lässt die Stille und die klare Luft des Kraftorts spürbar werden: das herbstliche Altaussee mit dem »salzhaltigen« Sandlingmassiv in seinem Rücken. Der durchschnittliche Salzgehalt im Altausseer Gestein liegt bei sechzig Prozent, woraus pro Jahr 1,7 Millionen Kubikmeter Sole produziert werden.

in der Neigung verstellbare Holztreppe, die Archäologen 2003 im Christian-von-Tusch-Werk fanden.

Doch das ist noch lange nicht alles, was der mächtig über Hallstatt aufragende Salzberg mittlerweile an uralten Geheimnissen preisgegeben hat.

Das Salz der Vorzeit

Man schrieb den 1. April 1734, als Bergleuten im Hallstätter Kilb-Werk ein bemerkenswert gut erhaltener Leichnam förmlich auf den Kopf fiel. Fein säuberlich hielt man diese erstaunliche Begebenheit in der Bergwerkschronik fest und vermerkte, der Mann habe noch Teile seiner Bekleidung und sogar Schuhe getragen. Da die Chronik zu diesem Zeitpunkt etwa vierhundert Jahre zurückreichte und darin von keinem verschollenen Bergmann die Rede war, ging man davon aus, dass es sich um einen Leichnam aus alten Zeiten handeln musste. Ein Heide, nahm man an, woraus sich schließlich der heute noch von Archäologen und Anthropologen verwendete Begriff »Heidengebirge« entwickelte: Gesteinsschichten mit Fundmaterial aus prähistorischer Zeit. Die gottesfürchtigen Bergleute jedenfalls brachten den »Mann im Salz« ins Tal, wo ihn ein Pfarrer irgendwo auf dem Kirchfriedhof bestattete. Für die Archäologie eine bedauerliche Ignoranz, aber letzten Endes auch ein Anreiz, sich den alten Salzbergwerken mit akribisch geplanter Ausgrabungsarbeit zu widmen.

Dank dieser archäologischen Arbeit weiß man heute unter anderem, dass hier ab etwa 800 v. Chr. ein großes

Bergwerk betrieben wurde. Mit dem Weißen Gold, das man abbaute, trieben die Hallstätter, auch dies schloss man aus den Funden, ganz offensichtlich Handel, und zwar in großem Stil. Die ersten umfangreichen Belege dafür sind dem 1795 geborenen Hallstätter Bergmeister Johann Georg Ramsauer zu verdanken. Als er eine Schottergrube öffnen ließ, stieß er auf ein bislang unbekanntes Gräberfeld. Ramsauer war so fasziniert, dass er fortan einen Großteil seiner Zeit der Erforschung dieses unglaublichen Fundes widmete. Was er entdeckte, überstieg alle Erwartungen: 980 Gräber wurden geöffnet (mittlerweile sind es 1 500), nahezu 20 000 Objekte –

Altaussee war das Zentrum des Salzbergbaus, aus Grundlsee kam das dafür notwendige Holz, das vorwiegend auf dem Wasser transportiert wurde. Wassermühlen übernahmen dabei wichtige Aufgaben. Hier die erhaltene und fein restaurierte Ranftl-Mühle in Gößl am Grundlsee auf einer historischen Aufnahme aus dem Jahr 1880.

Grabbeigaben, darunter Fibeln, Keramik- und Glasgefäße sowie kostbare Waffen mit Griffen aus Elfenbeinschnitzereien – geborgen. Ramsauer arbeitete sich systematisch durch seine Funde, dokumentierte sie detailliert und ließ die Gräber von dem Salinenarbeiter Isidor Engel in Aquarellen festhalten.

Ramsauers Verdienst als archäologischer Autodidakt blieb unbelohnt und sein Ansuchen an den Kaiser, die Grabungsprotokolle drucken zu dürfen, wurde abgelehnt. Ehre wurde seiner Arbeit dennoch zuteil, auch wenn er davon nichts mehr erfuhr. Seine Ausgrabungen waren in Fachkreisen nicht unbekannt geblieben, und noch in Ramsauers Todesjahr, 1874, sprach der schwedische Prähistoriker Hans Olof Hildebrand von einer »Hallstattgruppe«, woraufhin sich für die Epoche zwischen 800 und 450 v. Chr. sehr schnell die Begriffe »Hallstattzeit« und »Hallstattkultur« durchsetzten.

Die Hallstattzeit gilt als die Blütezeit der prähistorischen Salzproduktion und machte den abgelegenen Ort am See sehr reich und sehr berühmt. Auch die Art des Salzabbaus änderte sich. Ging man anfänglich vertikal in die Tiefe, so legte man nun horizontale Abbauhallen an, die den Verläufen der Salzadern folgten, und in die Felswände schlug man herzförmige Rillen – die berühmten Hallstätter Herzen –, womit sich große Salzplatten aus dem Gestein brechen ließen.

Um die Zeitenwende eroberten die Römer weite Teile Europas, gelangten auf ihren Zügen schließlich auch nach Hallstatt und übernahmen den Salzabbau. Doch anders als die Bewohner in den vergangenen Jahrtausenden siedelten sie sich nicht mehr am Bergrücken an, sondern direkt am Ufer des Hallstättersees, am Fuß des Salzbergs.

Römische Siedlungsreste am Hallstättersee hat man zwar gefunden, Belege für den Salzabbau der Römer in Hallstatt jedoch bislang nicht. Und so versinkt die Geschichte des Salzbergbaus mit dem Königreich Noricum für Jahrhunderte im Dunkel.

Vom Salzkrieg zum Kammergut

Eigentlich hatte alles recht gut angefangen, als der Traungauer Markgraf Ottokar III., ein entfernter Cousin Kaiser Friedrich Barbarossas, dem Zisterzienserstift Rein bei Graz im Jahr 1147 zwei Salzpfannen am Osthang des Sandlings schenkte. Ein Glück für die Ausseer, denn die Zisterzienser hatten eine eiserne Regel: keine Leibeigenen, weshalb die Ausseer vorerst einmal in Freiheit ihren salzigen Geschäften nachgehen konnten.

Nach den Traungauern kamen die Babenberger, als Kaiser Heinrich VI. am Reichstag zu Worms Herzog Leopold V. mit der Steiermark belehnt hatte. Auch das focht die Ausseer noch nicht an, selbst wenn sie dann und wann durchaus selbstbewusst ihre gewohnten Freiheitsrechte einfordern mussten. Dahin mit der relativen Ruhe war es allerdings nach dem Tod des letzten Babenbergerherzogs, als gleich mehrere gierige Fürstenhände aus allen Richtungen nach den verwaisten Gebieten griffen. Salz war lebensnotwendig – und es bedeutete Macht und Reichtum. Man konnte damit Handel treiben, es gegen Luxusgüter tauschen und Nahrungsmittel konservieren.

Der Erste, der sich der riesigen Salzvorräte im Ausseerland zu bemächtigen versuchte, war der Salzburger

Salziges Aussee

Erzbischof Philipp von Sponheim, der zur Sicherung der Salzbergwerke im Sandling 1250 die Burg Pflindsberg errichten ließ. Allerdings musste der Sponheimer vier Jahre später, nachdem weitaus mächtigere Fürsten das Land unter sich aufgeteilt hatten, schon wieder abziehen. So kam es, dass das Ausseerland für ein paar Jahre ungarisch war und für ein paar weitere böhmisch. Ein Ende mit diesem unruhigen Hin und Her hatte es 1273, als die Habsburger Ungarn und Böhmen in ihre Schranken wiesen und das Ruder übernahmen. Zwar musste sich auch der Habsburger König Albrecht I. noch eine Weile mit den Salzburgern herumschlagen (der Salzkrieg um das Monopol über das Weiße Gold tobte von 1291 bis 1297), doch danach begann die blühende Epoche des Kammerguts.

Am Beginn dieser Ära stand eine Frau: Elisabeth von Görz-Tirol, die das »Yschlland« nach ihrer Hochzeit mit Albrecht I. als Morgengabe erhalten hatte, womit es ab nun in habsburgischem Privatbesitz stand. Nach der Ermordung ihres königlichen Gemahls durch dessen Neffen Johann von Schwaben, der den Beinamen Parricida – Verwandtenmörder – erhielt, nahm sich die offenbar mit Managerqualitäten gesegnete Witwe ihres salzreichen Besitzes an, ließ neue Stollen in den Hallstätter Salzberg schlagen, führte den Stand der Salzfertiger ein, machte das Trauntal von Hallstatt über Ischl bis Gmunden zum Kammergut (das nun direkt dem Landesfürsten

Gegenüber Die – archäologisch erschlossene – Wiege des Salzabbaus im späteren Kammergut der Habsburger: der im Rücken von Hallstatt hoch aufragende Salzberg. Johann Georg Ramsauers Entdeckung des Gräberfelds von Hallstatt führte zu den heute vertrauten Begriffen der »Hallstattzeit« und der »Hallstattkultur«.

unterstand) und installierte zu dessen Verwaltung den Salzamtmann, der den Alltag der Bewohner des Salzkammerguts in allen Details regelte. Die mittelalterlichen Gesetze ließen kaum ein Detail unbeachtet: Aus- und Einreisen waren nur mit Sondergenehmigungen möglich, Ehen durften nur mit Erlaubnis des Salzamtes geschlossen werden. Zwar waren die Menschen im Kammergut einerseits von Steuern und vom Militärdienst befreit und bekamen kostenlose medizinische Versorgung, andererseits jedoch waren die Lebensbedingungen so erbärmlich wie die Bezahlung.

Nur im Ausseerland war alles anders. Das Salzhauptlager an der Ostseite des Sandlings – noch heute Österreichs größte Salzlagerstätte – war zwar ebenfalls Eigentum des Landesfürsten, doch die Salzproduktion – die Sudpfannen und Dörrhäuser – blieben im Eigentum jener, die sie betrieben: der Salinenarbeiter. Diese 24 »Hallinger« genannten Salzproduzenten – unter ihnen übrigens auch drei Frauen – hielten zumindest ab 1330 ein Erblehen, das sie selbständig organisierten und umfassend dirigierten. Sie managten die Holzwirtschaft, die Soleproduktion und den Transport ihres gewinnbringenden Gutes. Der habsburgische Hof in Graz hatte wenig Freude an der Umtriebigkeit der Hallinger und befand darüber hinaus, dass viel zu wenig vom Salz bis nach Graz gelangte. Also lud man die stolzen Hallinger vor, zügelte ihre Unverfrorenheit mit allerlei Drohgebärden sowie einem Vertrag und schickte sie zurück ins Ausseerland. Diese Lösung jedoch war nicht ganz so schlecht. Zwar stand man nun unter der Kuratel eines Pflegers, doch man war auch als Genossenschaft anerkannt und durfte als Lohn immerhin rund zehn Prozent

Vom Salzkrieg zum Kammergut

FÜR DEN ÜBERBLICK Ursprünglich waren die Traungauer Herzöge der Steiermark. Auf sie folgten die Babenberger, und zwar aufgrund eines Erbfolgevertrags, der berühmten *Georgenberger Handfeste*. Damit waren Österreich und die Steiermark erstmals unter einer Herrschaft verbunden. Als Friedrich der Streitbare – der letzte Babenberger und eine Herausforderung für die freiheitsliebenden Ausseer – starb, folgten ein Interregnum, die Teilung der Steiermark und wechselnde Landesherren, bevor dem Adel der Geduldsfaden riss und er sich mehr oder weniger geschlossen dem 1273 zum römisch-deutschen König gewählten Rudolf von Habsburg anschloss. Dieser belehnte seine Söhne unter anderem mit der Steiermark, womit der salzige Schatz auch des Ausseerlandes für die folgenden mehr als sechs Jahrhunderte unter der Ägide der Habsburger stand.

---

des Salzes behalten. Eine erkleckliche Menge, mit der die geschickten Hallinger gewinnbringend zu handeln verstanden.

Bis zum Beginn des 15. Jahrhunderts waren die Hallinger reich und mächtig geworden. Längst hatten sie ihre Heerscharen an Salzarbeitern im Berg und an den Sudpfannen, und sie selbst waren Hofschreiber und Richter geworden und stellten ab 1422 sogar den Salzverweser, also den höchsten, vom Landesherrn eingesetzten Salinenbeamten. Damit verwaltete sich die Genossenschaft sozusagen selbst und wurde noch reicher und mächtiger.

Ein Ende hatte es mit der relativen Freiheit der Hallinger, als Friedrich III. auf dem Weg zur Kaiserkrönung nach Aachen ausgerechnet in Aussee Station machte. Friedrich III., der Österreich den rätselhaften Wahlspruch A. E. I. O. U. hinterließ und ansonsten als besonderer Geizhals verrufen war, erkannte auf einen Blick, welcher Schatz im Ausseerland zu heben war. Und so schritt der nunmehr vom Papst gekrönte Kaiser kurze Zeit später zur Tat, schröpfte die Hallinger nach Strich und Faden, kaufte deren Güter (wobei er den Kaufbetrag meistens schuldig blieb) und entledigte sie ihrer Macht. Die Genossenschaft wurde aufgelöst und man tröstete ihre Mitglieder zum Teil mit neuen Ämtern, bis sich die kaiserliche Kammer der Ausseer Saline vollständig bemächtigt hatte. Als wäre all das nicht schon genug, hatte der Kaiser auch gar kein Gespür dafür, die Bodenschätze und das Land pfleglich zu behandeln – auf dass es gedeihe und für lange Zeit viel Gewinn abwerfe. Stattdessen beutete Friedrich III. das Ausseerland aus, verpachtete es schließlich sogar an einen seiner Hofschranzen und ließ das Kammergut so zum fast völlig abgeholzten Sanierungsfall verkommen.

Einen Riegel schob diesem ebenso unseligen wie unproduktiven Treiben erst sein Sohn Kaiser Maximilian I. vor, der das innere Salzkammergut mittels einer einigermaßen radikalen Reorganisation fest an die habsburgi-

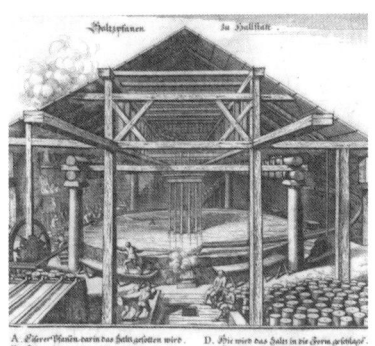

Das ehemalige Hallstätter Sudhaus, dargestellt von Matthäus Merian in seiner *Topographia Provinciarum Austriacarum*: die große Sudpfanne im Zentrum, auf den umlaufenden Stegen die Salzarbeiter mit ihren langen Stangen und dahinter die kegelförmigen Salzstöcke. Die beiden Figuren rechts im Vordergrund haben ihre Schicht beendet und dürfen ausruhen. Das Sudhaus in Bad Aussee, wo das Salz aus dem Sandling gewonnen wurde, befand sich auf dem Areal des heutigen Kurhauses.

sche Kandare nahm. Er stellte das gesamte Kammergut unter direkte Regierungsverwaltung und ließ die hochkomplexen Arbeitsabläufe vom Salzabbau bis zum fertigen Salz von Beamten organisieren, die nun unmittelbar der Kammer unterstanden. Das Salzkammergut war damit endgültig zur profitablen Einnahmequelle der Habsburger geworden.

Von Stollen, Sudpfannen und Salzzillen

Abgebaut wurde das Salz zu dieser Zeit längst nicht mehr trocken. Nun laugte man es mit Wasser aus dem Berg, indem man übereinanderliegende Stollen schlug, ein Sinkwerk errichtete, das sich langsam mit der Sole – der Salz-Wasser-Mischung – füllte. Die schweißtreibende Arbeit, aus dieser Sole das Salz zu gewinnen, übernahmen die Salzfertiger in den Pfannhäusern, den Salinen vergangener Zeiten. Die Sole wurde dort in riesige, aus Schmiedeblech hergestellte Sudpfannen mit einem Durchmesser von rund zwanzig Metern geleitet. Diese wurden von unten beheizt, sodass die Sole zu sieden begann und das Wasser langsam verdunstete. Die feuchte, heiße Salzschicht, die so entstand, wurde mit langen Stangen, an die Querhölzer montiert waren, an den Rand geschoben, wo sie ein weiterer Arbeiter mit einer Schaufel in hölzerne, kegelförmige Fässchen – Kufen genannt – füllte und Schicht für Schicht fest zusammendrückte. Die gefüllten Kufen blieben eine Weile zum Trocknen stehen, bevor man die so entstandenen Salzstöcke aus den Formen stürzte und im Dörrhaus durch-

Salziges Aussee

AUSSEER HALLAMTSORDNUNGEN Im Jahr 1513 wurde unter Kaiser Maximilian I. mit der *Ausseer Hallamtsordnung* die wahrscheinlich älteste Waldordnung Europas geschaffen. Gleichzeitig versuchten Maximilians Rechtsgelehrte mit der *Instruction und Ordnung bey dem Salzbergwerke zu Aussee* der »heimliche Beinutzung« – der Bestechung der Beamten – beizukommen: Einerseits sollte ein Verweser Beamte und Arbeiter beaufsichtigen, andererseits bemühte sich die Kammer, die Salinen- und Holzarbeiter sowie die Beamten pünktlich und wenigstens vernünftig zu bezahlen. Die nächste Hallamtsordnung entstand 1521 unter Maximilians Enkel Kaiser Ferdinand I., der allerdings bereits 1523 die nächste erließ: eine streng bürokratische Ordnung, nach der das Hallamt der Rechenkammer unterstellt wurde. Die Beamten hatten sich auf ihren »ordinari soldt« zu beschränken und durften für sich selbst nur so viel Holz und Salz einbehalten, als sie »zu irrer zimblichen hausnotturft« benötigten. Ob die Salzarbeiter diesen Verordnungen getreulich gefolgt sind, darf bezweifelt werden: Für das Jahr 1654 ist eine in den Ausseer Ratsprotokollen festgehaltene Klage nachzulesen, in der darüber Beschwerde geführt wird, dass sich die Salzdörrer von Fuhrleuten mit Bratwürsten bestechen ließen. Zum Lohn durften sich die Fuhrleute das Salz aussuchen, alle anderen bekamen, was übrigblieb …

---

trocknen ließ. Nun waren die Salzfudder – die getrockneten Salzkegel – zum Transport bereit.

Was Aussee betraf, so gab es gar keine andere Möglichkeit, als die Salzstöcke zu Fuß über die Pässe zu tragen, bevor sie in Hallstatt auf Boote – die Salzzillen – verladen und über die Traun bis zur Donau transportiert wurden. Erst später, als die Straßen besser ausgebaut waren, verloren diese Säumerwege ihre Bedeutung und kam das Salz auf Pferde- oder Maultierwagen über die Berge.

Einfacher wurde es, als Soleleitungen gelegt wurden. Mit dem Bau der ersten begann man 1592, drei Jahre später ging sie in Betrieb. Sie verlief von Hallstatt nach

Ebensee, nachdem man die Saline dorthin verlegt hatte. Aus mehr als 10 000 Baumstämmen hatte man diese Pipeline der Frühzeit angefertigt, die immerhin vierzig Kilometer überwand. In Aussee wurde das Salz noch über dreihundert Jahre lang im Ort hergestellt, nachdem bereits im Jahr 1211 eine sechs Kilometer lange Soleleitung vom Ahornberg im Sandlingmassiv nach Aussee gebaut worden war. Erst 1906 wurde diese Leitung stillgelegt und eine neue in Betrieb genommen, die durch das Rettenbachtal nach Bad Ischl führte, wo sie in die historische Pipeline aus dem 16. Jahrhundert mündete. In der Zwischenzeit wurde das Holz längst durch Kunststoff ersetzt, doch die beiden Soleleitungen von Hallstatt und Altaussee sind nach wie vor in Betrieb.

Von Salzverwesern, Gegenschreibern und Visionären

Mit Kaiser Maximilians Reorganisation der Salzindustrie im Kammergut entstand ein ganzer Apparat aus Beamten, der das Salzkammergut im Namen des Fürsten mit eiserner Hand regierte. An der Spitze stand der Salzamtmann, dem die jeweiligen Salzverweser in den einzelnen Salinenorten unterstanden. Die Ausseer waren mehr oder weniger alle im Bergbau und in der Salzfertigung beschäftigt, wobei die Altausseer Bergknappen darüber hinaus als Nebenerwerbsbauern kleine Höfe bewirtschafteten. Anders die Grundlseer und Gößler, die ihren Unterhalt vor allem als Waldarbeiter für die Saline sowie als Bauern und Fischer verdienten. Im Markt Aussee – dem Ortszentrum des heutigen Bad Aussee – dampften

Den Sandling mit seinem Salzreichtum im Rücken, Loser und Pötschen zur Linken und zur Rechten und nach vorne hin ein offener Ausblick auf Fischerndorf mit seinen manchmal recht renitenten Einwohnern, die jedoch das Gros der Salinenarbeiter stellten: So wachten die Herren der Burg Pflindsberg über das Salz im Ausseerland.

die Sudpfannen und residierte der Salzverweser samt seinem Stellvertreter, dem Gegenschreiber, im eleganten Kammerhof.

Der Salzverweser war wie ein König in seinem kleinen Reich mit umfassenden Rechten ausgestattet und in jeder Hinsicht die letzte Instanz, egal, ob es sich um rechtliche, wirtschaftliche oder sogar um kirchliche Fragen handelte. Eine derartige Aufgabe überträgt man nicht jedem, und so verwundert es wenig, dass es unter den hohen kaiserlichen Kammergutbeamten eine Reihe ungewöhnlicher Persönlichkeiten gab.

Da war beispielsweise Hans Herzheimer, der erste Salzverweser, an den in der Pfarrkirche Bad Aussee eine prächtige Grabplatte erinnert. Herzheimer stammte aus Bayern und war ein wanderlustiger, streitbarer Ritter, bevor er in die Dienste Kaiser Maximilians trat und ein ziviles Amt übernahm. In Aussee tat er sich als fähiger Verwalter des ihm anvertrauten Amts hervor, vermehrte sein eigenes und das Vermögen der kaiserlichen Schatulle und zeichnete sich als Verfasser sentimentaler Grabinschriften aus. Darüber hinaus hinterließ er der Nachwelt eine unschätzbare Kostbarkeit: einen Reisebericht aus den Jahren 1514 bis 1519, worin er Lebensweisen seiner Zeit, aber auch Begegnungen mit Kaiser Maximilian I.

MISSETÄTER & HEXENJÄGER Selbst wenn es angesichts dieser friedlichen Gegend seltsam erscheint: Auch das Ausseerland hat seine Kriminalgeschichte. Da gab es zum Beispiel Hois Gryl, der um 1500 sein bestens organisiertes Unwesen trieb: Kleinbauer im Sommer, Verbrecher im Herbst und Winter. Gryl befehligte rund drei Dutzend Verbrecher, die er in kleinen, beweglichen Gruppen ausschickte. Sie überfielen Reisende, Kaufleute oder Pilger, raubten aber auch wohlhabendere Bauern und Bürger aus. Die Beute brachten sie zu Gryl, der sie aufteilte – und sich die besten Stücke selbst behielt. Man kam ihm auf die Schliche, unterzog ihn auf der Burg Pflindsberg einer peinlichen Befragung und richtete ihn 1516 hin. Ein Einzeltäter hingegen war ein gewisser Hanns Kursner, der sein Unwesen in Schwaben, Bayern, Tirol und Salzburg trieb, bevor er 1520 im Ausseerland gefasst wurde. Auf der anderen Seite des Gesetzes stand der aus Jena stammende Landprofoß Jakob Bithner. Er hatte es ganz besonders auf das crimen magiae, das Verbrechen der Zauberei, abgesehen, machte aber auch manch anderen »echten« Missetäter dingfest: den »Windischer Gregor« genannten Räuber, einen betrügerischen Wundarzt und sogar den Ausseer Pfarrer Esaias Haupt, der offenbar nicht nur einen großzügigen (er hatte hohe Schulden), sondern auch einen überaus liederlichen Lebenswandel führte, zu dem auch die schöne Ehefrau eines braven Ausseer Bürgers gehörte.

und Martin Luther (bei dem einer von Herzheimers Söhnen studierte) festhielt.

Mit dem konfessionellen Erdbeben, das Martin Luther mit seinen 95 Thesen 1517 auslöste, musste sich Herzheimers Nachfolger Christoph von Praunfalk auseinandersetzen. Praunfalk dürfte ein kühler Rechner und ein tüchtiges Organisationstalent gewesen sein. Er beschnitt Zunftfreiheiten, minimierte Fischereirechte, griff in jeden halbwegs autonomen Bereich ein, den sich die Ausseer aus der Zeit der Hallinger noch erhalten hatten, und verschaffte der Kammer durch verschiedene Gesetze und Vorschriften den Zugriff auf jedes nur mög-

Eine Reminiszenz an das Kammergut der Habsburger ist der Kammerhof am Chlupetzkyplatz im »ersten Stock« Bad Aussees, wo einst die Salzverweser ihres Amtes walteten und in dem heute ein höchst sehenswertes Museum eingerichtet ist.

liche bewegliche und unbewegliche Vermögen. Heute würde man sagen: ein Meister der Rationalisierung und Gewinnoptimierung – aber eine Jammergestalt im Hinblick auf Herzensbildung und Menschlichkeit. Vielleicht waren es also rein rationale Überlegungen, die Praunfalk veranlassten, den katholischen Pfarrer Aussees in die Spitalkirche zu versetzen und in der Pfarrkirche St. Paul einen evangelischen Laienprediger zu etablieren. Als nämlich im Zuge der Reformation überall die Bauernaufstände ausbrachen, blieb das Ausseerland bemerkenswert ruhig und die profitable Salzerzeugung weitgehend unbeeinträchtigt.

Neben diesen fast allmächtigen Ausseer Salzverwesern fehlte es auch nicht an visionären Erneuerern in späteren Zeiten. Einer davon war Franz von Schwind, Bruder des Malers Moritz von Schwind, der 1847 Salinenverwalter in Aussee wurde. Unter seiner Ägide wurde die Salinenanlage erneuert (zum Teil nach seinen eigenen Erfindungen) und die Viehsalzproduktion eingeführt. Dass während seiner Amtszeit Salz- und Waldwirtschaft getrennt wurden, ist einem seiner Kollegen zu verdanken, der Schwind an Weitblick in nichts nachstand: Maximilian von Wunderbaldinger. Die Salzherstellung verschlang nämlich enorm viel Holz. Lange Zeit kümmerte man sich jedoch bestenfalls nebenbei um die Waldbestände, indem von Zeit zu Zeit kaiserliche Kommissionen im Salzkammergut antraten, um Holzvorräte und Wald nach Augenmaß einzuschätzen. Doch was zählte, war, dass Salz ein Vermögen einbrachte. Sich angesichts dessen mit Petitessen wie einem gesunden Wald aufzuhalten, schien geradezu lächerlich. Also holzte man ab, als gäbe es kein Morgen, was schließlich zu massiven Naturkatastrophen führte. Muren gingen ab, Lawinen donnerten ins Tal, Überschwemmungen waren an der Tagesordnung. Wunderbaldinger vermochte der Kammer und dem Kaiser klarzumachen, dass es ohne Holz kein Salz gibt, weshalb ein kluger Umgang mit den Ressourcen das Gebot der Stunde sei. Regelrecht generalstabsmäßig nahm er die Rettung der Wälder im Salzkammergut im Allgemeinen und im Ausseerland im Besonderen in Angriff. Der gelernte Landvermesser aus verarmtem Adelshaus wurde dem Salzamt in Gmunden 1829 als Waldmeister zugeteilt, durchstieg bald unermüdlich die Gebirgswälder der Region, vermaß und berechnete. Letzten Endes rettete er den Waldbestand des Salzkammerguts, indem es ihm gelang, das Forst- aus dem Salinenwesen auszugliedern. Mit dem blinden Abholzen war es damit vorbei. Die Salinen brauchten weiterhin Holz, und sie bekamen es, aber in vernünftigem Maß und aus jenen Gebieten, wo keine Gefahr bestand.

Salzwelten

Mit dem Ende der Habsburgermonarchie gingen die Salzbergwerke und Salinen des Salzkammerguts (und auch jenes im Tiroler Hall) in das Eigentum der Ersten Republik über, die 1925 die Generaldirektion der Österreichischen Salinen ins Leben rief. Als die Nationalsozialisten auch ins innere Salzkammergut kamen, wurden die Österreichischen zu den Alpenländischen Salinen und das Ausseerland zu einem Teil der von der Nazipropaganda verkündeten Alpenfestung.

Nach 1945 dümpelte der verstaatlichte Betrieb mehr oder weniger lustlos vor sich hin. Man rationalisierte und reduzierte, wandelte das Staatsunternehmen 1979 in eine Aktiengesellschaft um, deren Anteilsscheine jedoch alle in Staatsbesitz blieben.

Erst 1997, als die Salinen privatisiert wurden, machte sich wieder Aufbruchsstimmung breit. Heute ist die Salinen Austria AG ein florierendes Unternehmen, ein Vollsortimenter, der Speisesalze ebenso produziert wie Pharma- oder Industriesalze.

Nachvollziehen lassen sich sowohl die Geschichte als auch die aktive Salzproduktion der Gegenwart am besten entlang der Altausseer Via Salis – ein rund acht Kilometer langer Wanderweg entlang von 23 Stationen – sowie im Schaubergwerk in den Tiefen des Ausseer Sandlings. Die Mineralienkammer, der Salzsee, die langen Gänge durch reines Steinsalz und die aus Salzsteinen errichtete Barbarakapelle erzählen die Geschichte von der Entstehung des Salzes über die Zeit des Kammerguts bis zu modernsten Abbautechniken mittels Bohrlochsonde. Erst hier, in diesen Stollen, wird die erzählte Geschichte von Bergknappen, Bergmeistern, Salzamtmännern und Salzverwesern wirklich begreifbar. Und man tut auch gleich etwas für die Gesundheit: Bei einer konstanten Temperatur von acht Grad und siebzig Prozent Luftfeuchtigkeit sind die Atemwege so richtig glücklich. Durchatmen in einer Umgebung, die Heilstollenqualität hat.

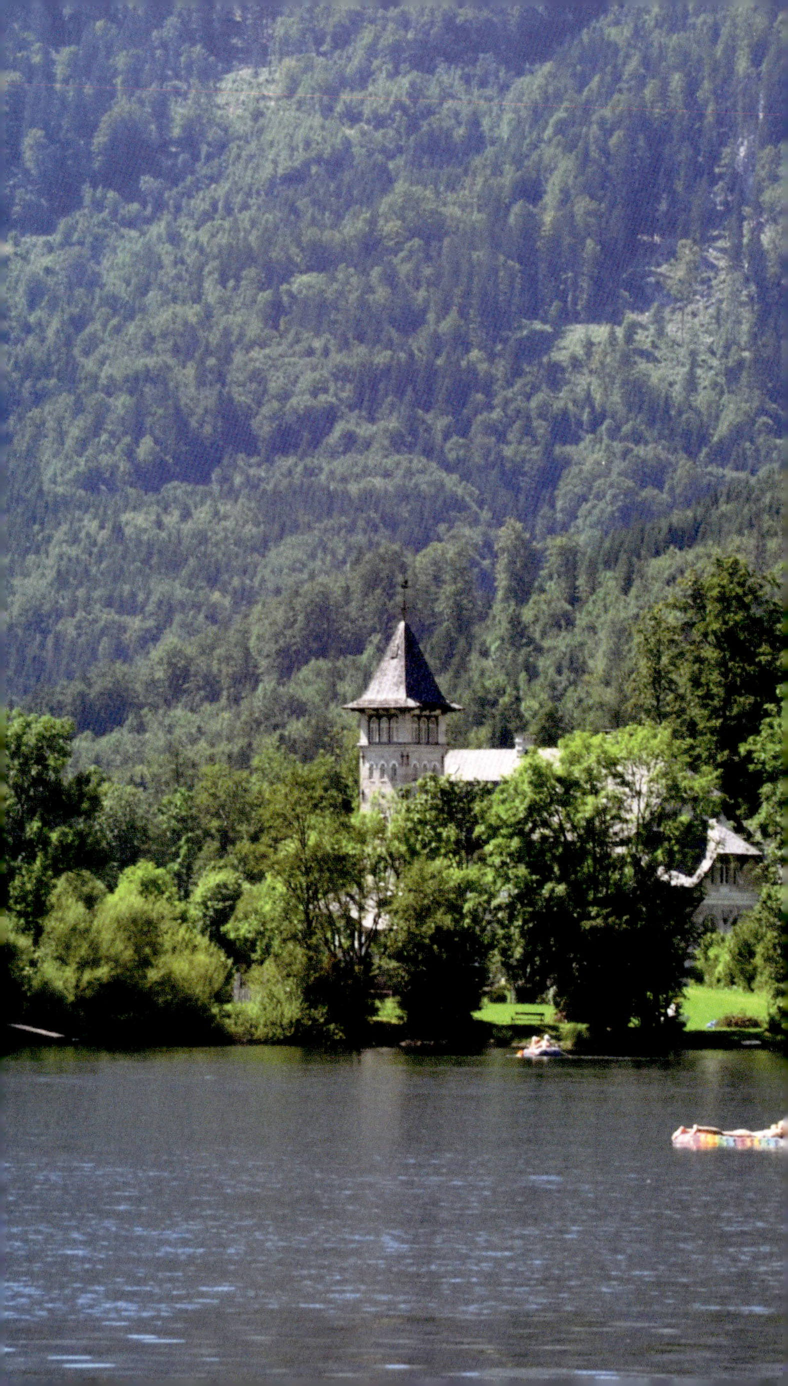

GEHEIMNISSE
Von verborgener Kunst und versenkten Schätzen

Die Abgeschiedenheit des Ausseerlandes schien die perfekte Voraussetzung dafür, die Gegend zum Zentrum einer imaginären »Alpenfestung« zu machen – wobei man nicht so recht weiß, was dieses seltsame Wort überhaupt zu bedeuten hat (oder hatte). War es tatsächlich nichts als heiße Luft, nichts als Propaganda in einer Phase, als das Großdeutsche Reich bereits hart am Abgrund stand? Das Beschwören einer vermeintlichen Sicherheit, die Berge, Höhlen und verborgene Täler bieten? Oder ein an die Adresse der vorrückenden Alliierten gerichtetes Ablenkungsmanöver, damit gesucht würde, was gar nicht gefunden werden konnte? Sicher ist, dass das Ausseerland in dieser dunklen Zeit immer wieder in den Mittelpunkt des Interesses rückte – sei es, weil sich zahlreiche Naziprominenz dort, wo einst die »haute juiverie« ihrer Sommerfrische frönte, besonders wohlfühlte, sei es, weil man Schätze verstecken und Falschgeld versenken wollte.

Das Geflecht aus Mitläufern hier und Widerstand dort ist heute kaum noch zu entwirren und die Entwirrung selbst wohl nur noch von geringer Bedeutung. So erinnern heute weniger Animositäten als alte Dokumente an das dunkle Kapitel. Jene Anweisung beispielsweise, die die Ausseer Kurkommission 1938 an die Ausseer Bevölkerung ausgab, um diese aufzufordern, »unter keinen Umständen

Traumanwesen Es war der Wiener Großindustrielle Jean Roth, der sich dieses Jagdschlösschen auf einer Halbinsel am Ufer des Grundlsees um 1880 errichten ließ. Architekt war Roths Bruder François, nach dessen Entwürfen auch das Wiener Raimundtheater entstanden war. Im Jahr 1941 bemächtigte sich Propagandaminister Joseph Goebbels dieses prächtigen Anwesens und empfing hier unter anderem Wiener Schauspielerprominenz.

Wohnungen oder Zimmer an Juden zu vermieten«. In manchen großen Villen erübrigten sich derartige Anordnungen: In die Villa Roth am Grundlsee zog 1941 Joseph Goebbels samt Familie, und die Villa Castiglioni war längst verkauft worden, bevor 1943 Friedrich Wolffhardt, Bereichsleiter für den Aufbau der »Führerbibliothek« im Rahmen des »Sonderauftrags Linz«, mit seiner Dienststelle und zahlreichen Kisten voller Bücher hier einzog.

Dennoch gibt es zwei Orte im Ausseerland, die die Idee einer Alpenfestung durchaus zu repräsentieren in der Lage sind: das Salzbergwerk in Altaussee und der Toplitzsee.

Der Schatz im Berg

Es war mit Sicherheit der größte organisierte Kunstraub, den die Welt je gesehen hatte, das umfangreichste Verschieben und Verlagern von Kunstwerken aller Gattungen: Unter dem Begriff »Sonderauftrag Linz« summierte sich ein großer Teil nationalsozialistischer Kunstpolitik. Adolf Hitler hatte dabei nicht bloß die Absicht, in seiner »Heimatstadt« Linz ein Kunstmuseum nebst einer »Führerbibliothek« von überregionaler Bedeutung zu errichten, sondern darüber hinaus die Museen in allen wichtigen Städten des Großdeutschen Reichs mit Kunstwerken zu bestücken – ein Unterfangen, das er zur Chefsache erkoren hatte. Mit dem inoffiziell verlautbarten »Führervorbehalt« ließ er seine Kuratoren Kunstwerke kaufen, beschlagnahmen, enteignen und durch halb Europa transportieren.

Der Schatz im Berg

Hans Posse, Kunsthistoriker und seit 1910 Generaldirektor der Dresdner Gemäldegalerie, war der Erste, den Hitler als kunsthistorischen Leiter dieses Mammutprojekts einsetzte. Dazu gesellten sich willfährige Kunsthändler wie Karl Haberstock oder Hildebrand Gurlitt, die im Namen Posses ganze Sammlungen aufkauften. Und im ab 1941 besetzten Frankreich war es der Einsatzstab Reichsleiter Rosenberg, der umfangreiche Kunstsammlungen zumeist jüdischer Eigentümer beschlagnahmte. Jeder Landstrich, der ab Kriegsbeginn 1939 erobert wurde, war auch ein potenzielles Kunstdepot, das es zu plündern galt – Privatsammlungen in den Niederlanden, Kirchenkunst in Polen, ganze Bibliotheken und Münzsammlungen aus allen Ecken des Reiches. Jan Vermeers Gemälde *Der Astronom*

Ein Dorf im Gebirge – eine Alpenfestung, wie sie sich Hitler erträumt hatte, um die Pretiosen zu schützen, die die räuberischen Handlanger seines Regimes in ganz Europa zusammengerafft hatten: Altaussee und die Trisselwand um 1940.

beispielsweise war Raubkunst aus der Pariser Sammlung Edouard de Rothschilds, einen weiteren Vermeer – *Die Malkunst* – dagegen hatte Hitler aus der Kunstsammlung des Grafen Czernin in Wien um mehr als anderthalb Millionen Reichsmark erworben. Ein in jeder Hinsicht revanchistisches Exponat, eine Ikone der Kunstgeschichte, war hingegen Hubert und Jan van Eycks *Genter Altar:* Nach den Versailler Verträgen musste Deutschland die Flügel des Altars an Belgien restituieren, obwohl sie im 19. Jahrhundert rechtmäßig angekauft worden waren. Nach der Invasion Belgiens 1940 war der Altar zwar in hektischer Eile von den Belgiern nach Südfrankreich gebracht worden, um ihn vor dem Zugriff der Deutschen zu schützen. Doch 1942 wurde er aufgrund eines direkten Befehls Hitlers und mit dem Wissen der Vichy-Regierung nach Bayern verfrachtet, wo der Altar im Schloss Neuschwanstein zwischengelagert wurde.

Die Schaltstelle, an der all die Fäden dieses megalomanischen Projekts zusammenliefen, war das Büro Martin Bormanns, Hitlers Privatsekretär und ein hoher NSDAP-Funktionär. Von hier aus wurden unter anderem Hans Posse, dessen Nachfolger Hermann Voss, der Bibliothekar Friedrich Wolffhardt und der Wiener Museumsdirektor und Numismatiker Fritz Dworschak dirigiert.

Parallel zu diesem Raubzug durch die europäische Kunstgeschichte mussten die Depots und die Katalogisierung organisiert werden. Bereits 1938 war die Neue Burg der Wiener Hofburg zum Zentraldepot vor allem der aus jüdischen Sammlungen stammenden Kunstwerke – darunter die Sammlungen Alphonse und Louis Rothschilds, jene des Wiener Kabarettisten Fritz Grünbaum, die Sammlungen bedeutender Mäzene wie die der Familie

Lederer und die berühmten Kunstwerke aus dem Palais Ephrussi an der Wiener Ringstraße (Stichwort *Der Hase mit den Bernsteinaugen*) – bestimmt worden. Daneben sollten die Kunstwerke im Münchner Führerbau untergebracht werden und, nachdem die schiere Menge an Kunstwerken alle Planung und räumlichen Möglichkeiten sprengte, in den enteigneten Stiften Kremsmünster und Hohenfurth/Vyšší Brod.

Frühzeitig vorbereitet wurde jedoch auch der Schutz der Kunstwerke und Kulturgüter vor drohenden Luftangriffen. Bereits im Herbst 1938 wurden die Museen damit beauftragt, Bergungslisten der Bestände zu erstellen. Und 1939 begann man damit, die Kunstwerke in die Keller der Museen und in Gebäude auf dem Land zu bringen. Nur von Bergwerken sprach zu dieser Zeit noch niemand.

Zuständig für die Bergung in der Ostmark war die Wiener Zentralstelle für Denkmalschutz (ab 1940 das Institut für Denkmalpflege) und damit deren Leiter Herbert Seiberl, promovierter Jurist, Kunsthistoriker und bereits 1933 illegales Parteimitglied der NSDAP. Seine Stunde schlug, als ab 1942 erste Luftangriffe auf deutsche Städte geflogen wurden und aus Berlin der Befehl erging, Bergungsorte in Bergwerken zu suchen. Wie Seiberl auf Altaussee kam, lässt sich nur noch vermuten, aber wahrscheinlich hatte ihn der Gaukonservator von Oberdonau, Franz Juraschek, darauf hingewiesen. Im Juli 1943 jedenfalls besichtigte Seiberl einen bereits stillgelegten Teil des Altausseer Salzbergwerks und erkannte mit geübtem Auge die Qualitäten dieses Ortes: konstante Luftfeuchtigkeit und Temperaturen im Bergwerk, hervorragende Zufahrtswege und vor allem viel Platz, um Verschalungen und Regale zu errichten, um die Kunstwerke gut und sicher zu lagern. Mit einem Vertrag zwischen dem Institut für Denkmalpflege und der Salinenverwaltung unter der Leitung des Generaldirektors Emmerich Pöchmüller wurden die Vereinbarungen

---

DER KUNSTAFFINE JURIST Der 1905 im niederösterreichischen Pöggstall geborene Herbert Seiberl war neben seinem Jusstudium auch Schüler in der Malerklasse Hans Tichys und Josef Jungwirths an der Akademie der bildenden Künste in Wien und studierte darüber hinaus Kunstgeschichte. 1930 promovierte er an der rechtswissenschaftlichen Fakultät, 1935 an der philosophischen Fakultät im Fach Kunstgeschichte. 1933 trat Seiberl der verbotenen NSDAP bei, was sich nach dem »Anschluss« als äußerst vorteilhaft für seine Karriere erwies: Das Parteimitglied mit der Mitgliedsnummer 6.200.962 avancierte zuerst zum provisorischen und schließlich zum kommissarischen Leiter der Abteilung für geschichtliche Kulturdenkmale. Einer der wesentlichsten Verdienste Seiberls war sein Engagement dafür, die strenge Ausfuhrregelung für österreichische Kunst auch nach dem »Anschluss« aufrechtzuerhalten. Dazu fügt sich auch sein Plan, im Gasthaus Zur blauen Traube in Bad Aussee ein bedeutendes Volkskundemuseum einzurichten, das mit Exponaten bestückt werden sollte, die aus den von den Nationalsozialisten »sichergestellten« Sammlungen im Ausseerland – unter anderem von Konrad und Stephan Mauthner, Aranka Munk und Ernst Königsgarten – stammten. Seiberl war es, der das Salzbergwerk in Altaussee als idealen Bergungsstollen für Kunstwerke erkannte. Nachdem Seiberl wesentlich zur Rettung der Kunstwerke auch vor Eigrubers Sprengabsichten beigetragen hatte, übergab er das Depot am 8. Mai 1945 an Mitglieder der 3. US-Armee unter General George Patton und wurde gleichzeitig seiner Verantwortung enthoben. Danach ließ sich Seiberl mit seiner ehemaligen Mitarbeiterin Hilde Schrader in Bad Aussee nieder und gründete mit ihr eine Restaurierungswerkstätte. Dank der Aussagen einiger Mitarbeiter des Denkmalamtes, Seiberl hätte vom Regime Verfolgte weiterhin beschäftigt und solcherart geschützt, wurde er vom Linzer Volksgerichtshof 1948 freigesprochen. Über die Ereignisse im Bergwerk erzählte er kaum noch etwas. Im Jahr 1952 starb Herbert Seiberl im Alter von nur 48 Jahren.

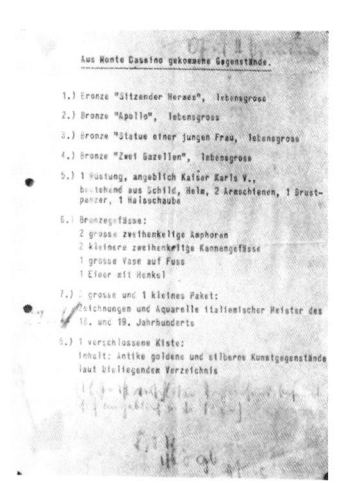

Aus Neapels Museo di Capodimonte waren zahlreiche Kunstgegenstände in das Kloster Monte Cassino gebracht worden. Dort wurden sie von Truppen der Fallschirm-Panzer-Division Hermann Göring vorgefunden – und für das Deutsche Reich »sichergestellt«. Penibel wurden Listen der geraubten Kunstgegenstände zusammengestellt und die unbezahlbaren Werke dann nach Altaussee transportiert, wo sie in den Tiefen des Salzbergwerks verschwanden. Immerhin halfen diese Listen den »Monuments Men« der Alliierten später dabei, die Kunstwerke zu restituieren.

besiegelt, und am 25. August 1943 wurde der erste Kunsttransport von Wien nach Altaussee durchgeführt.

Ursprünglich hatte Seiberl geplant, in Altaussee vor allem die Kunst aus Wien unterzubringen. Doch da der Führerbau in München aus allen Nähten platze und zudem durch Bombenangriffe gefährdet war, überzeugte Martin Bormann Hitler davon, Altaussee zum »zentralen Bergungsort der Sammlungen des Führers« zu machen. Die »Aktion Dora« begann bereits im Dezember 1943: Der Stollen wurde mit Pfosten abgestützt, mit Strom versehen und mit unzähligen Regalen eingerichtet. Ein Heer aus Kunsthistorikern, Chemikern, Mineralogen und Restauratoren stand bereit, um alle Aufmerksamkeit den unbezahlbaren Exponaten zu widmen, die ab Jänner 1944 nun auch aus München und anderen Orten herantransportiert wurden. Sie kontrollierten das Klima, den Zustand der Werke, fotografierten sie und führten Bergungslisten. Dazu kamen die Ausseer Bergleute, die dabei halfen, die Kunstwerke am Stolleneingang auf Hunte zu verladen und mehrere Hundert Meter in den Berg zu bringen. Zu Beginn waren es fünfzehn Männer, Ende 1944 bereits mehr als Hundert.

Im Altausseer Stollen befand sich vor allem Raubkunst oder wenigstens Kunst aus problematischer Herkunft. Dabei waren die österreichischen Nationalsozialisten stolz, dass Altaussee zum wesentlichsten »Bergungsort des Reiches« geworden war und darüber hinaus die überwiegend aus österreichischen Sammlungen stammende Kunst im Land blieb. Daneben kam auch Kunst aus dem Reich ins Bergwerk, darunter der bereits

Verborgen unter schwerem Gestein, fein säuberlich eingeordnet in eigens eingemessene Holzregale: In Stollenbereichen wie diesem ruhten einige der bedeutendsten Werke der europäischen Kunstgeschichte.

erwähnte *Genter Altar* und Michelangelos Madonna aus der Liebfrauenkirche im belgischen Brügge. Nicht in Altaussee, sondern in Lauffen bei Bad Ischl hingegen wurden die berühmten Hauptwerke – Gemälde von Bruegel, Tizian, Rembrandt und Dürer – aus den großen Wiener Museen gelagert.

Ein Jahr lang lagen die Kunstschätze im Altausseer Stollen, wurden bewacht und kontrolliert. Ein Anblick, der sich den Verantwortlichen einprägt: »Unauslöschlich waren die Eindrücke, die ich auf meinen Dienstgängen durch die Stollen und Werkanlagen gewann. Man öffnet irgendwo eine Tür und steht plötzlich Angesicht zu Angesicht ... einem von Kindheitstagen vertrauten Bild gegen-

»Vorsicht Marmor – nicht stürtzen«: Das orthografisch falsche »t« in der Beschriftung der Kisten war das geringste Übel. Mit diesen Fliegerbomben gedachte August Eigruber dem »Nerobefehl« seines Führers zu folgen und die Kunst im Stollen zu vernichten.

über ...«, erinnerte sich Emmerich Pöchmüller später. Doch dann drohte plötzlich die Zerstörung.

Als Hitler die Niederlage kommen sah, gab er im März 1945 den »Nerobefehl« aus, die gesamte Infrastruktur im Deutschen Reich zu zerstören. Und so fuhren am 10. und am 15. April 1945 neuerlich schwere Lkw den Altausseer Salzberg hinauf und brachten vier riesige Holzkisten, die Gauinspektor Anton Glinz weit hinein in den Stollen befördern ließ. Kunst war es diesmal keine, es waren Bomben, denn August Eigruber, Gauleiter von Oberdonau, hatte entschieden, Hitlers »Nerobefehl« so verstehen, dass auch die Kunst im Stollen zu vernichten war, auf dass sie dem heranrückenden Feind nicht in die Hände fiele.

Als die Bergleute, Emmerich Pöchmüller und Herbert Seiberl begriffen, was drohte, begannen die hektischen Versuche zur Schadensbegrenzung. Seiberl ließ Kunstwerke umlagern, brachte vieles noch tiefer in den Berg hinein, den *Genter Altar* in die Spitalkirche in Bad Aussee, anderes nach Lauffen. Salinendirektor Pöchmüller versuchte währenddessen gemeinsam mit dem Bergwerksleiter Otto Högler und Hermann Michel, dem ehemaligen Direktor des Naturhistorischen Museums in Wien, die Sprengung zu sabotieren. Und mithilfe des Bergmanns Alois Raudaschl gelang es, Ernst Kaltenbrunner, Gestapo-Chef und damit einer der ranghöchsten österreichischen Nationalsozialisten, davon zu überzeugen, dass die Sprengung unter allen Umständen verhindert werden musste. Kaltenbrunner ordnete die Entfernung der Bomben an. Eigruber befahl in seinem Furor deren Rücktransport in den Stollen. Erst eine heftige telefonische Auseinandersetzung zwischen Kaltenbrunner und Eigruber, die demonstriert, welches Chaos über das einst so perfekt durchorganisierte

Der Schatz im Berg

1ˢᵗ Lieutenant Daniel J. Kern, der hier vor einzelnen Tafeln des *Genter Altars* im Altausseer Salzstollen steht, war Kunsthistoriker, Lehrer, beherrschte fünf Sprachen – Latein und Altgriechisch eingeschlossen – und war Mitglied der legendären *Monuments, Fine Arts, and Archives Section* der US Army.

»Dritte Reich« hereingebrochen war, brachte die Lösung, sodass Bergwerksleiter Högler die Bomben in der Nacht vom 3. auf den 4. Mai 1945 von seinen Männern aus dem Berg bringen lassen konnte. Mit gezielten kleinen Sprengungen wurden die Bergwerkszugänge danach blockiert, und als die amerikanischen Truppen am 8. Mai nach Altaussee kamen, konnte man ihnen einen unversehrten Schatz im Salzbergwerk übergeben.

Fünf Tage später, am 13. Mai 1945, waren sie da, die »Monuments Men«, die Soldaten der *Monuments, Fine Arts, and Archives Section* unter ihrem befehlshabenden Offizier Captain Robert Posey. Eine Woche lang dauerte es, bis die gesprengten Stollenzugänge freigelegt waren und die Amerikaner die Kunstwerke bergen konnten. Laut der – mit Sicherheit unvollständigen – Bergungsliste des verantwortlichen Restaurators Karl Sieber waren es 6500 Gemälde, dazu Zeichnungen und Grafiken, Skulpturen und Tapisserien, kunsthandwerkliche Exponate und mehr als eintausend Kisten mit wertvollen Büchern, die zu einem nicht unerheblichen Teil von Friedrich Wolffhardt aus der ehemaligen Villa Castiglioni am Grundlsee herübergebracht worden waren.

Bereits im Juni richteten die »Monuments Men« in München den Central Collecting Point ein. Hier trugen sie die geraubten und gekauften Kunstwerke von den verschiedensten Bergungsorten im gesamten Reich zusammen. Hier sollten sie katalogisiert und schließlich restituiert werden. Das erste Werk, das seinen rechtmäßigen Besitzern zurückgegeben wurde, war der *Genter Altar*, der Ende August 1945 nach Brüssel gebracht wurde. Die Restitution aller anderen Werke ist bis heute nicht restlos abgeschlossen.

Rätselhafter Toplitzsee

Geheimnisvolle Schätze bergen nicht nur die Höhlen des Salzbergs, sondern vielleicht auch – so wird zumindest immer wieder gemunkelt – der Toplitzsee hinter Gössl am Grundlsee. Dunkel und unergründlich liegt er in seinem

Gegenüber Der wie ein Fjord ins Tote Gebirge eingeschnittene Toplitzsee war jahrhundertelang Teil jenes Wasserweges, auf dem das Holz für die Salinen transportiert wurde.

Rätselhafter Toplitzsee

Geheimnisse

Talkessel, umrahmt von schroffen Felsen und hoch aufragenden Baumriesen. Allein die Vorstellung, im Toplitzsee zu schwimmen, verursacht Gänsehaut – was nichts mit Wassertemperaturen zu tun hat. Die Frage ist vielmehr: Wer weiß schon, was da unten, in einer kalten Tiefe von 103 Metern, alles existiert? Da hilft auch wenig, dass bekannt ist, warum der See so abgrundtief dunkel erscheint: Aufgrund von Solezuflüssen in Bereichen unter zwanzig Metern hat das Wasser dort einen höheren Salzgehalt, womit es am Übergang zwischen salzhaltigen, also optisch dichteren, zu salzärmeren, also optisch dünneren Schichten zum physikalischen Phänomen der Totalreflexion kommt – Lichtstrahlen bleiben gefangen, der See

Sie steht heute unter Denkmalschutz: die Klause am Ausfluss des Toplitzsees. Hier konnten große Wassermengen gestaut werden, was der Holztrift zugutekam, die von hier über den Toplitzbach zum Grundlsee führte.

erscheint schwarz. Der bis zu einem Viertelmeter lange Lumbricus cf. Polyphemus, kurz Toplitzseewurm, wurde 1983 entdeckt. Dass der Wurm im sauerstofflosen, aber schwefelwasserstoffhaltigen Tiefenwasser des Sees lebt, klingt ebenfalls nicht besonders vertrauenerweckend. Und ob das schon alles an mess- und überprüfbaren Eigenheiten ist, die dieser kleine See zu bieten hat, kann mit Sicherheit niemand beantworten.

Der Toplitzsee, in dem sich tiefgrün der ihn umgebende Wald spiegelt, verdankt so manche Legenden und Geschichten auch seiner abgeschiedenen Lage, die sich hervorragend für allerlei Konspiratives eignet. Zum Beispiel die für die Zeit von 1943 bis 1945 verbürgte Aktivität einer Außenstelle der TVA Eckernförde. TVA steht für die Torpedoversuchsanstalt der deutschen Kriegsmarine während des Zweiten Weltkriegs, die hier eine Reihe waffentechnischer Versuche durchführte. Am Ende des Kriegs, Anfang Mai 1945, versenkten die Nazis dann Kisten voller gefälschter britischer Pfundnoten im See, die von Häftlingen in der Fälscherwerkstatt des Konzentrationslagers Sachsenhausen hergestellt worden waren, um die britische Wirtschaft auszuhebeln.

Nach einem Hinweis auf diesen »Schatz« durch den Journalisten Wolfgang Löhde machten sich 1959 die ersten Taucher auf den Weg in den Abgrund. Was sie ans Tageslicht brachten, waren siebzehn bis an den Rand mit falschen Pfundnoten gefüllte Kisten, deren Inhalt – wäre er denn echt gewesen – einen Gegenwert von insgesamt rund 175 Millionen Euro darstellte. Nach diesem spektakulären Fund wurde es so richtig hektisch am stillen Toplitzsee, da sich zahlreiche Taucher von dem Gerücht anlocken ließen, die Nazis hätten im See auch Echtes versenkt:

kiloweise Gold und Edelsteine, Kunstgegenstände und sogar die Ziffern der Nummernkonten, die sich manche Nazigranden in der Schweiz eingerichtet hatten.

Anfang der 1960er-Jahre begannen die vielen teils legalen, teils illegalen Expeditionen. Als 1963 ein Taucher ums Leben kam, nahm man die Suche nach dem Leichnam zum Anlass, den See zu kartieren. Man entdeckte, dass zahllose Baumstämme unter Wasser treiben, die nicht verrotten, dass das Seewasser ab einer Tiefe von rund zwanzig Metern keine Sauerstoffanteile mehr aufweist – und sonst nichts. Für die folgenden zwei Jahrzehnte verhängte man jedenfalls zur Sicherheit ein Tauchverbot.

1983, als man sich wieder legal in die Tiefe wagen konnte, entdeckte man im sauerstofflosen, dafür aber schwefelwasserstoffhaltigen Tiefenwasser den Wurm,

Hinter dem Toplitzsee liegt der nur knapp über 300 Meter lange Kammersee. Der Wasserfall an seinem nordöstlichen Ende gilt als Traun-Ursprung. Doch der relativ flache See birgt auch ein Geheimnis: Der Sage nach ist er nämlich das Zuhause der »Saligen Fräulein«. Diese, so heißt es, wunderschönen, weisen und hilfsbereiten Wesen sollen verschwunden sein, als im 16. Jahrhundert der Felskanal für die Holztrift zwischen Kammer- und Toplitzsee errichtet wurde. Zu viel Lärm und zu viele Menschen für die Wildfrauen vom Kammersee ...

und im Jahr 2000 fanden Taucher unter großem Medienjubel eine weitere Kiste. Ihr Inhalt entpuppte sich als Scherz: Bierkapseln, die ein paar gutgelaunte Stammtischmitglieder versenkt hatten. Der Mythos vom versenkten Gold, sogar jener, dass sich in den Tiefen des Sees das verschollene Bernsteinzimmer aus dem Sankt Petersburger Katharinenpalast befinden würde, hält sich trotz alldem hartnäckig seit Jahrzehnten.

Doch der Toplitzsee hat alle möglichen, vielleicht sogar wahrscheinlichen Geheimnisse bislang für sich behalten. Und das wird er wohl auch weiterhin, denn 2009 wurde ein weiteres Tauchverbot erlassen – und zwar gleich für neunundneunzig Jahre.

Vielleicht ist es auch klüger, dem See seine Rätselhaftigkeit zu lassen und sich im Gastgarten des Ausflugslokals Fischerhütte an die romantische Geschichte zu erinnern, die sich eines heißen Sommertages im Jahr 1819 hier zutrug, als Erzherzog Johann der jungen Anna Plochl erstmals begegnete. Und dann kann man sich, eventuell nach einem gebratenen Saibling aus einem der Ausseer Seen, getrost auf einer Plätte niederlassen, an den beiden Wasserfällen vorbei ans obere Ende des Sees fahren und den kurzen Spaziergang zum Kammersee unternehmen.

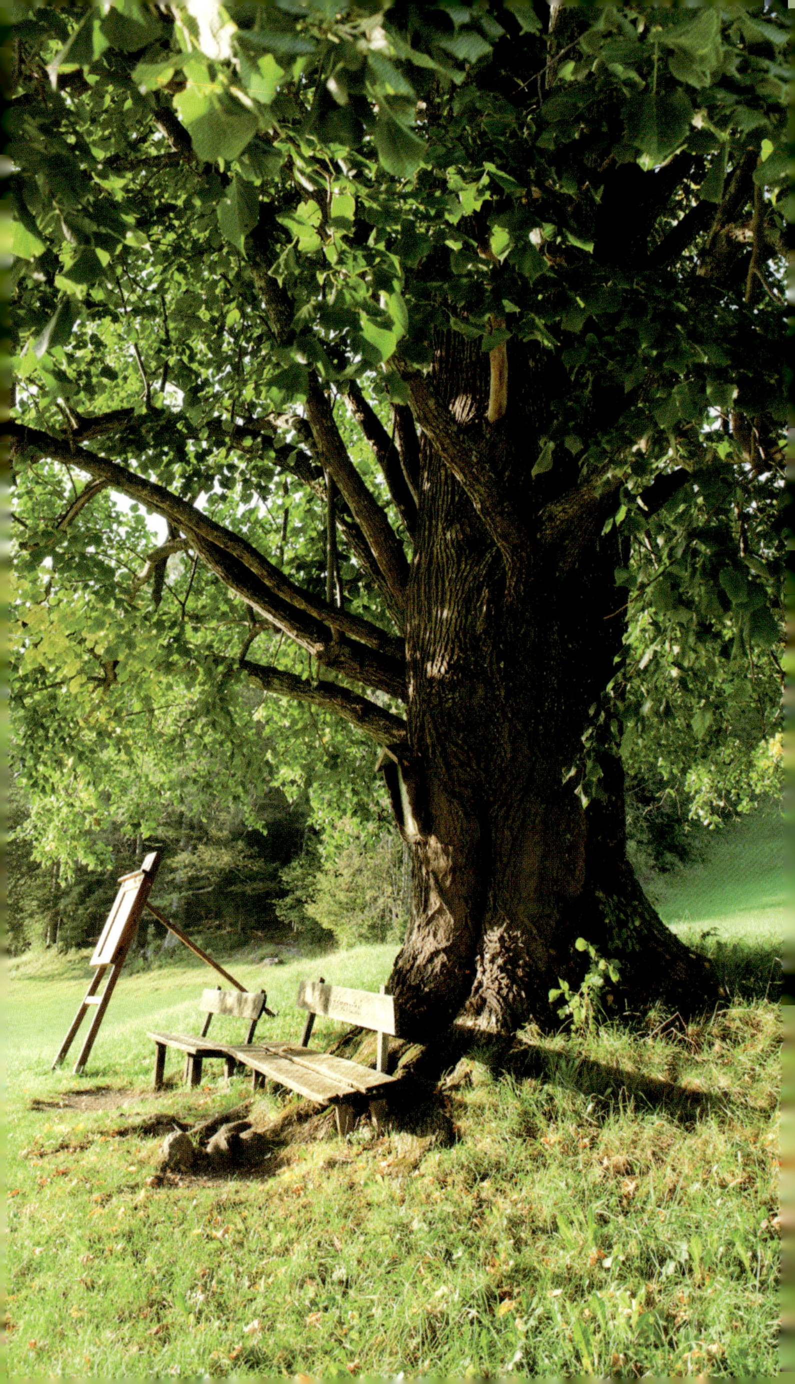

AUSSEER GÄSTE
Sommerfrische, Liebesgeschichten &
Rechtsgelehrte

Dass das Salzkammergut zur vielgeliebten Sommerfrische avancierte, lag eigentlich auf der Hand. Die Region machte dank ihres in den Bergen liegenden Schatzes die Habsburger reich. Und da das, was sie reich machte, zusätzlich auch noch schön war, kamen sie immer wieder, brachten den Hof und Gäste mit und gingen in den ausgedehnten Gebirgswäldern auf die Jagd. Sogar das Salz selbst entpuppte sich letzten Endes als tourismustauglich. Als nämlich der weitgereiste und sprachgewandte Dr. Josef Götz am im August 1807 sein »Anstellungsdecret als Salinen-Physikus zu Ischl« erhielt, führte er nicht nur die damals brandneue Methode der Pockenimpfung ein. Angesichts des zum Teil erbärmlich schlechten Gesundheitszustands der Salinenarbeiter begann er mit dem zu arbeiten, was im Übermaß vorhanden war: Salz. Er analysierte das mit heilsamen Mineralien angereicherte Salzwasser, befand es für gut und steckte die mit Gicht, Rheumatismus und Hautkrankheiten geschlagenen Arbeiter in warme Solebäder. Damit erzielte er derart positive Resultate, dass er ein Badehaus errichten ließ, um möglichst vielen seiner Schützlinge die heilkräftigen Bäder angedeihen lassen zu können.

Dieser Erfolg kam Franz de Paula Augustin Wirer,

> »So sitze ich auf meiner Waldbank ... darüber der Sommerhimmel zwischen den Bäumen hereinleuchtend ...«: Hugo von Hofmannsthal liebte diese Linde in Obertressen zwischen Altaussee, Bad Aussee und Grundlsee. Heute ist sie eine Station auf der Via Artis, die zu zahlreichen Orten führt, wo sich die gelehrten und kreativen Sommergäste des Ausseerlandes besonders wohlgefühlt haben.

nachmalig geadelter Ritter von Rettenbach und seines Zeichens Professor an der Wiener Medizinischen Schule, Hofarzt und Leibarzt Kaiser Franz' II./I., zu Ohren. Höchst interessiert – schließlich waren Mineralbadeanstalten und Nordseebäder zu dieser Zeit der letzte Schrei – machte er sich auf ins Kammergut, tat sich dort mit Götz zusammen und baute Ischl systematisch zum Kurort für den Adel auf. Und als dann des Kaisers Sohn, Erzherzog Franz Karl, mit seiner Gemahlin Erzherzogin Sophie nach Ischl zur Kur kam und diese im Jahr darauf endlich nach sechs kinderlosen Ehejahren einen Sohn zur Welt brachte, war der Ruf des neuen Kurorts endgültig etabliert. Das Kaiserhaus blieb dem Kammergut treu, und jener erstgeborene »Salzprinz«, dessen Existenz sich augenscheinlich nicht zuletzt

Sommerfrischer Adelssitz: In Villen wie dieser in Altaussee verbrachten die Gäste der ersten Stunde ihre Ausseer Sommer. Vielfach befinden sich diese Villen nach wie vor in Privatbesitz.

DER POLITIKER In Bad Ischl wurde österreichische Politik gemacht, wenn der Kaiser seine Sommer dort verbrachte. In Altaussee war es hohe Politik auf europäischer Ebene: Chlodwig Carl Viktor Fürst zu Hohenlohe-Schillingsfürst, Prinz von Ratibor und von Corvey (1819–1901), hatte in Göttingen, Bonn, Lausanne und Heidelberg Rechtswissenschaften studiert und trat im Jahr 1842 als Richteramtsanwärter in den Staatsdienst. Doch dabei sollte es nicht bleiben: Der politisch agile und versierte Fürst war ein vehementer Befürworter der deutschen Einigung und wurde Gesandter, bayrischer Ministerpräsident und Außenminister sowie nach der Gründung des Deutschen Reiches Reichstagsabgeordneter, Statthalter in Elsaß-Lothringen und 1894 schließlich Reichskanzler und Ministerpräsident.

Des Fürsten glänzender Stern am Berliner Polithimmel begann zu sinken, als seine Opposition gegen Kaiser Wilhelm II. nicht mehr zu verheimlichen war: »Ich bin nicht Kanzleirat, sondern Reichskanzler und muss wissen, was ich zu sagen habe«, telegrafierte Hohenlohe-Schillingsfürst 1896 seinem Kaiser, als dieser ihm einen Redetext vorschreiben wollte. Es ging um eine tiefgreifende Justizreform der Militärgesetzgebung, für die Hohenlohe-Schillingsfürst eine größere Nähe zum zivilen Recht, die Einführung des Prinzips der Öffentlichkeit und unabhängige Richter in allen Instanzen forderte. In der Amtszeit des Fürsten wurde schließlich auch das Bürgerliche Gesetzbuch von 1896 verabschiedet und darüber hinaus die *Lex Hohenlohe,* ein Reichsgesetz, das die Vereins- und Versammlungsfreiheit garantierte. In Altaussee konnte sich der Fürst seinen Notizen und Tagebüchern über seinen Alltag als Politiker widmen. Sein Nachlass, der ein lebendiges Bild der deutschen Politik während der Reichsgründung zeichnet, findet sich heute im deutschen Bundesarchiv.

---

den empfängnisfördernden Bädern in Ischl verdankte, schlug seine sommerliche Residenz von Beginn seiner Regentschaft an in Ischl auf: Kaiser Franz Joseph. In seinem Gefolge kam der Hochadel, danach das wohlhabende Bürgertum, und schließlich kamen auch die Künstler.

Doch das Salzkammergut hatte mehr zu bieten als »nur« Ischl. Und so wagten sich einige ganz Verwegene weit hinein in das zwar seit Jahrhunderten erschlossene, aber doch sehr abgelegene Gebiet. Sie folgten dem Trauntal, ritten über den Pötschenpass und landeten schließlich in Aussee.

Der Adel wird ländlich

»Aussee war damals ein stilles entlegenes Tal«, erinnerte sich die bereits zitierte Johanna Gräfin zu Eltz, als Kaiser Franz Josephs Flügeladjutant Prinz Konstantin zu Hohenlohe-Schillingsfürst im Sommer 1858 mit einer gutgelaunten Jagdgesellschaft mehr oder weniger zufällig nach Aussee kam. Mit von der Partie war Konstantins älterer Bruder Chlodwig zu Hohenlohe-Schillingsfürst, der aus der Liebe auf den ersten Blick eine lebenslange, letztlich Generationen überdauernde Beziehung zu Aussee machte. Nur wenige Jahre nach diesem ersten Jagdausflug kaufte er das Haus Altaussee Nr. 1, damals der Schneiderwirt, baute es um und aus und verbrachte mit seiner Familie die Sommermonate ab nun im kleinen Altaussee. Der damalige Besitzer des vom Fürsten erworbenen Wirtshauses übrigens kaufte sich kurzerhand ein neues – jenen Schneiderwirt ein paar Häuser weiter, der heute noch von vielen als das eigentliche Zentrum Altaussees betrachtet wird.

Der Fürst, der sich seine entspannenden Ausseer Aufenthalte zwischen einem aufreibenden Alltag als Botschafter in Paris und später als Reichskanzler in Berlin wohl mühsam erkämpfen musste, wurde samt seiner

Der Adel wird ländlich

WAS SALZ, WOHNEN UND SOMMERFRISCHE VERBINDET Als Lebensgrundlage erhielten die Ausseer Salzarbeiter für sich und ihre Familien kleine Liegenschaften zugeteilt. Darauf errichteten sie Haufenhöfe, die aus Wohnhaus, Stall, Stübl (Werkstatt), »Ausserner Kuchl« (Sommerküche, Ausgedinge) und verschiedenen anderen kleinen Anbauten wie Scheiterlauben (für das Brennholz), Sechtelstatt (Waschküche) oder Zweschpendösch (Dörrhütte) bestanden. Diese Liegenschaften waren bis 1848 dem Stift Rein unterstellte Lehen, bevor sie in den Jahren danach in das Eigentum der jeweiligen Familien übergingen. Als die Fremden das Ausseerland entdeckten, bauten die Arbeiter ihre Wohnhäuser aus, errichteten über dem ebenerdigen Brückl die Veranda im ersten Stock und vermieteten ihre Häuser an die Gäste samt deren Entourage aus Dienerschaft und Köchin. Für sich selbst vergrößerten sie die Ausserne Kuchl zu einer Sommerwohnung. Gebaut hatte man die Häuser übrigens aus Holz, dessen Wert zu allen Zeiten enorm geschätzt wurde. So erließen die Beamten des Ausseer Hallamtes 1532 Verordnungen zu Dachvorständen und Dachneigungen: Die starken Schrägen und ein geringer Dachvorstand ließen Wasser und Schnee schneller abrinnen, womit die hölzernen Dächer langsamer verwitterten.

Familie sehr heimisch in Altaussee. Als sein Sohn Moritz Prinzessin zu Salm-Reifferscheidt-Krautheim und Dyk heiratete, ließ der Vater dem jungen Paar ein prächtiges Herrenhaus errichten. Darüber hinaus baute er eine Reihe von Jagdhäusern, darunter auch jenes in der Seewiese, von wo aus man noch heute mit herrlichem Ausblick über den See bis zum Dachstein sitzen und sinnieren kann. Die Großmutter der zitierten Johanna zu Eltz war Fürst Chlodwigs Ehefrau Fürstin Marie zu Hohenlohe-Schillingsfürst. Sie dürfte, schenkt man ihrer Enkelin Glauben, zu einer veritablen »Zweiheimischen« (so nennen die Ausseer die zugereisten Zweihausbesitzer, wobei der Unterton bei diesem Wort irgendwo zwischen Ironie,

Ursprünglich hieß es Brückl, hatte höchstens zwei Fenster und bildete den windgeschützten Übergang von draußen nach drinnen. Als die Ausseer begannen, ihre Wohnhäuser an Sommergäste zu vermieten, wurde dem Brückl die verglaste Veranda aufgesetzt, in der die empfindlichen Damen aus der Stadt die frische Luft genießen konnten, ohne dabei die milchweiße Haut der Sonne aussetzen zu müssen.

Sarkasmus, aber manchmal auch Zuneigung changiert) geworden sein, die ihre medizinischen Talente und ihr Faible für Naturheilkunde jedem zuteilwerden ließ, der ihr in die Finger kam.

Die Hohenlohe-Schillingsfürst waren allerdings nicht die Ersten, die sich ihren Platz in der alten, gewachsenen Dorfgemeinschaft von Altaussee eroberten. Bereits 1847 waren auf die Empfehlung von Adalbert Stifter hin die Freiherren von Zedlitz und von Binzer nach Altaussee gekommen. Josef Christian Freiherr von Zedlitz, ein zu seinen Lebzeiten am Wiener Burgtheater viel gespielter Dramatiker und patriotischer Lyriker, kaufte ein Grundstück direkt am See, wo er sich ein Haus im »Schweizer Stil« samt Nebengebäuden errichten ließ. Die notwendige Finanzkraft dafür verdankte er weniger seiner schriftstellerischen Begabung als vielmehr seiner Anstellung im Kriegsministerium, wo er ein staatstreuer Diener von Metternichs Gnaden war. Nach der Revolution von 1848 und Metternichs Untergang verließ Zedlitz den Staatsdienst und lebte vorwiegend in Aussee. Ein fataler Sturz, der ihm mehrere Verletzungen eintrug, von denen er sich nicht mehr erholen sollte, zwang ihn zurück nach Wien, wo er 1862 starb. »Es sind schon so viele gestorben, ich werde das auch noch überleben«, soll er auf dem Sterbebett gesagt haben. Ein Satz, der angesichts der bekannten Schlagfertigkeit der Einheimischen fast schon Ausseer Qualitäten hat.

Mit Zedlitz kam das Ehepaar Emilie und August Daniel von Binzer, das sich ebenfalls nahe am See niederließ. Die Herrschaften führten nun nicht mehr nur in Wien, sondern auch in Altaussee einen lebhaften Salon. Die Gäste: Fanny Elßler, die legendäre Tänzerin, Moritz von Schwind, dessen Bruder zur selben Zeit Salzverweser im Ausseer Kammerhof war, Adalbert Stifter, Franz Grillparzer, Friedrich Simony, der Alpinist und Erfinder des Universitätslehrfachs Geografie, sowie Nikolaus Lenau, obwohl der liberale Dichter mit dem patriotischen Zedlitz in einer Art politischem Dauerclinch lag. Selbst Erzherzog Maximilian, Bruder Franz Josephs und nachmaliger unglücklicher Kaiser von Mexiko, war bei den Binzers zu Gast, da Emilie sich um die Herausgabe seiner Schriften kümmerte.

Die Villa des Herrn von Zedlitz übrigens wurde kurz vor dessen Tod an den regierenden Luxemburger Herrscher Herzog Adolph von Nassau verkauft, der sie seinem Sohn vererbte. Der hatte mit Aussee offenbar weniger am Hut und verkaufte an den Altausseer Hotelier Michael Frischmuth, der aus dem alten Zedlitz'schen »Seehaus« das Parkhotel machte, in dem später seine Enkelin Barbara Frischmuth aufwuchs. 1959 ging das Anwesen an Denis Alexander, 6th Earl of Caledon, der das alte Gebäude abtragen ließ. Heute steht an dessen Stelle ein Gesundheitshotel und nebenan wurden die schönen einstigen Stallungen, die jahrelang nicht alterten, sondern elegant reiften, auf Hochglanz renoviert.

Kurärzte und Bergführer

Für die Ausseer war die Ankunft der »Fremden« nichts Außergewöhnliches. Da man seit Jahrhunderten zum Kammergut gehörte, war man es gewohnt, mit Menschen aus der weiten Welt zu tun zu haben. Neu war, dass nun immer mehr kamen, dass diese Menschen blieben, sich in die Bauernhäuser der Ausseer einmieteten und sich eigene bauten und dass sie, einigermaßen exzentrisch, ihre feinen Gewänder ablegten und stattdessen in Dirndlkleider und Lederhosen schlüpften.

Aber der Fremdenverkehr wurde schnell in den Ausseer Alltag integriert. Schließlich eröffnete sich damit eine Menge neuer Möglichkeiten, neben der harten und nicht gerade üppig entlohnten Arbeit im Salzbergwerk und in der Saline Geld zu verdienen. Man war erfinderisch, wenn es darum ging, den Gästen ihren Aufenthalt so angenehm wie möglich zu machen. Nicht nur, dass man in den Bauernhäusern Zimmer für die Fremden herrichtete, man zog notfalls sogar aus dem eigenen Haus aus, um es den Sommer über vermieten zu können. Als 1877 der Ausseer Bahnhof eröffnet wurde und man damit an die Westbahn angeschlossen war, hatten Dienstmänner genug damit zu tun, den Herrschaften aus der Stadt ihre Koffer, Taschen und Hutschachteln in die jeweiligen Sommerfrischequartiere zu bringen. Wenn die Damen, meist weniger bergerfahren, ins Gebirge wollten, trug man sie in eigens konstruierten Tragesesseln in die lichten Höhen mit den weiten Ausblicken. Und jene, die auf ihren eigenen Beinen unterwegs waren – darunter auch Kaiserin Elisabeth, die von Ischl bis Aussee gewandert ist und angeblich wie eine Gämse ins Tote Gebirge gestiegen sein soll –, bekamen Bergführer an die Seite gestellt.

Man gründete sogar einen Verschönerungsverein, um den Gästen aus der Stadt die traumhaft schöne Landschaft noch ein wenig näher bringen zu können. So legte man unter anderem den Weg um den Altausseesee, die Seepromenade, an. Dafür griffen einmal mehr die Hohenlohe-Schillingsfürst tief in die spendierfreudigen Taschen, um den Weg, der auch zu ihrem Jagdhaus in der Seewiese führte, so stabil auszubauen, dass er auch den temperamentvollen Schmelzwasserbächen des Frühlings standhielt.

Dank des gesundheitsfördernden Reizklimas des Ausseerlands und der Heilwirkung des Salzes wurde Aussee 1868 Kurort und 1911 mit dem Titel »Bad« ausgezeichnet. Man badete in warmer Sole, inhalierte sie und vertraute darauf, dass der Soleschlamm den stadtmüden Knochen wohltat.

Dazwischen genoss man den gepflegten Müßiggang, ging Kaffee trinken, saß im Schatten duftender Nadelbäume, unternahm Wanderungen und ließ sich zum Wirtshaus »Am Bach« im Ortsteil Lupitsch an der Pötschenstraße kutschieren, um dem dichtenden und singenden Wirt Johann Kain zu lauschen.

Das Zeitalter der Sommerfrische war ins Land gezogen.

Dichter und noch ein Visionär

»Im Juni sind die Leute aus der Stadt gekommen und wohnen in allen großen Stuben. Die Bauern und ihre Weiber schlafen in den Dachkammern … Sie haben aus den unteren Stuben alle ihre Sachen weggetragen und alle Truhen für die Stadtleute freigemacht, und nichts ist in den Stuben zurückgeblieben als der Geruch von Milchkeller und von altem Holz.« Ein junger Dichter, gerade 23 Jahre alt, veröffentlichte unter dem Titel *Das Dorf im Gebirge* in der Münchner Zeitschrift *Simplicissimus* seine Beobachtungen. Gezeichnet war der Text mit dem Pseudonym Loris, und der Redakteur, der diese poetische Etüde im November 1896 veröffentlichte, war so fasziniert, dass er im Sommer des darauffolgenden Jahres mit dem Fahrrad nach Altaussee, dem Dorf im Gebirge, fuhr. Der Name des jungen Dichters war Hugo von Hofmannsthal. Dieser kannte das Ausseerland seit den Tagen seiner Kindheit, kam bis ins Jahr vor seinem Tod 1929 jeden Sommer dorthin zurück und bezog im Ortsteil Obertressen – zuerst Nr. 14, später Nr. 6 – sein bescheidenes Quartier.

Der Name von Hofmannsthals neugierigem und reiselustigen Redakteur lautete Jakob Wassermann. Er war der Konsequenteste von allen, denn anstatt Sommergast zu werden, zog er 1919 ganz nach Altaussee. Wassermann, zu seiner Zeit ein viel gelesener Romancier, schätzte die Ruhe in den Wintermonaten, wenn das Ausseerland ganz sich selbst und seinen Bewohnern gehörte: »… das kleine Leben des Dorfes, von allem fremden Städterwesen befreit, trug bei zu unserem Glück«, notierte er im November 1919 in seinem Tagebuch. Wassermann und seine Frau Marta lebten einige Jahre in jener Villa, die heute dem Schauspieler Klaus

---

VISIONEN UND DICHTERISCHE ATTITÜDEN   »Natürlich schrieb ich mehr für das Theater als für das Gericht«, hielt Theodor Herzl (1860–1904) als Notiz zu seiner Gerichtspraxis in Salzburg fest. Und beim Schreiben – nicht für das Gericht! – sollte es auch bleiben: Nachdem er 1884 in Wien als Jurist promoviert hatte, absolvierte er zwar noch das Gerichtsjahr, entschied sich jedoch danach – »als Jude wäre ich nie zur Stellung eines Richters befördert worden« – für eine Laufbahn als Journalist. Ab 1891 war er Korrespondent der *Neuen Freien Presse* in Paris und erlebte dort die Dreyfus-Affäre mit, was Herzl so tief erschütterte, dass er sich fortan nicht nur der gegenseitigen Toleranz von Christen und Juden verschrieb (unter anderem mit seinem Schauspiel *Das neue Ghetto),* sondern auch der Vision eines eigenen Staates der Juden. *Der Judenstaat,* Herzls zukunftsweisender Text, erschien 1896 – mehr als ein halbes Jahrhundert vor der Gründung Israels. Herzls Fahrrad – Modell »Victoria Blitz« von Opel –, das zu fahren ihn Arthur Schnitzler gelehrt hatte, ist erhalten: Lange stand es im Altausseer Literaturmuseum, bis es durch dessen Obfrau Marianne Goertz dem Jüdischen Museum in Wien überlassen wurde.

Maria Brandauer – ein echter, ein gebürtiger Altausseer – gehört. 1923 bekam Wassermann die Möglichkeit, in sein eigenes Haus zu ziehen. Leopold Ferdinand Freiherr von Andrian-Werburg, mütterlicherseits Enkel des Komponisten Giacomo Meyerbeer und außerdem Diplomat, hatte seine Prachtvilla auf einem Hang über dem See an einen Niederländer verkauft, der das Haus nun neuerlich auf den Markt brachte. Die Villa stand weit jenseits von Wassermanns finanziellen Möglichkeiten, doch über die Vermittlung seines Freundes Hofmannsthal sprang – Traum aller freischaffenden Kreativen! – der Bankier Paul Goldstein ein, erwarb die Villa für Wassermann und seine Familie und bezahlte gleich auch alle notwendigen Umbauten. Jakob Wassermann lebte bis zu seinem Tod 1934 in Altaussee und wurde auch hier begraben.

Jakob Wassermann blieb eine Ausnahme, denn die meisten Künstler kamen, um die heißen Sommer an den kuhlen Seen in den Bergen zu verbringen. Im Grunde genommen wechselten sie nur den Ort, denn alle waren miteinander befreundet, verwandt oder verschwägert und zählten in Wien zur intellektuellen, kreativen Crème des Fin de Siècle. Statt ins Wiener Café Griensteidl, wo sich die Literatengruppe »Jung-Wien« gemeinhin traf, ging man im Sommer zum Schneiderwirt oder machte Spaziergänge über die saftigen Wiesen, traf einander, redete und genoss die frische Luft in der herrlichen Ausseer Landschaft.

Arthur Schnitzler tat das ebenso wie Hermann Bahr, Felix Salten, Richard Beer-Hofmann und Fritz von Herzmanovsky-Orlando. Auch dem visionären Theodor Herzl, der sich in seinem Kampf um einen Staat für die

DER RECHTSGELEHRTE POET 1875, vier Jahre, nachdem Ferdinand Leopold von Andrian-Werburg das Anwesen auf einer Anhöhe am Ufer des Altausseer Sees erworben hatte, kam sein Sohn Leopold Ferdinand zur Welt. Nach einer unsteten Schulkarriere zwischen Kalksburg, Meran und Wiener Schottengymnasium entschied er sich für das Studium der Rechtswissenschaft, dem er Vorlesungen über Philosophie, Geschichte und Literatur hinzufügte. In dieser Zeit begann Andrian-Werburg, hypersensibel und hochbegabt, mit der Arbeit an seinem literarischen Werk. Über die Vermittlung seines Freundes Hugo von Hofmannsthal, den er um 1890 kennengelernt hatte, veröffentlichte er Lyrik in Stefan Georges *Blättern für die Kunst.* Und bereits 1895, noch vor dem Abschluss seines Studiums an der Universität Wien, legte er sein Hauptwerk vor: die lyrisch-symbolistische Märchenerzählung *Der Garten der Erkenntnis,* über die Hofmannsthal in seinem Tagebuch festhielt: »Das deutsche Narcissusbuch. – Es sind wundervolle Augenblicke, wo sich eine ganze Generation im gleichen Symbol findet.« Nach der Promotion zum Dr. jur. und der bald darauf abgelegten Diplomatenprüfung wurde Andrian zahlreichen Gesandtschaften zugeteilt, darunter in Rio de Janeiro, Buenos Aires und Warschau, bevor er im Juli 1918 Generalintendant der k. k. Hoftheater wurde. Das Ende der Monarchie war für den kaisertreuen Andrian eine schmerzhafte Zäsur. Noch aber publizierte er regelmäßig und wirkte am Konzept für die Salzburger Festspiele mit. 1920 wurde er liechtensteinischer Staatsbürger, nach dem »Anschluss« emigrierte er über Nizza nach Brasilien. 1945 kehrte er nach Europa zurück und starb 1951 im Schweizer Fribourg.

Heute kennt man Leopold von Andrian-Werburg oft nur noch aus Karl Kraus' *Letzten Tagen der Menschheit,* wo er als »Poldi« an der Seite von »Hugerl« (Hugo von Hofmannsthal) auftritt. Seinen Anteil am Ruhm von »Jung Wien« hat man fast vergessen, und selbst in Altaussee erinnert man sich eher an seinen Vater, obwohl auch der Sohn in der Familiengruft am Altausseer Friedhof beigesetzt wurde.

Juden letztlich aufrieb, bedeutete das Ausseerland enorm viel, konnte der hauptberufliche Journalist doch nur hier zur Ruhe kommen, um seine Texte zu schreiben und seine zionistische Vision konsequent zu durchden-

Ausseer Gäste

Ein omnipräsenter Anblick: der Dachstein – hier vom Loser aus gesehen. Es ist eine Art ferne Nähe, die das Bergmassiv in eine gewisse Distanz rückt und ihm doch nichts von seiner Präsenz nimmt. Eine besonders gut dokumentierte Besteigung des Dachsteins ist jene des Geografen und Alpenforschers Friedrich Simony im Jahr 1842. Nach ihm ist die auf einer Seehöhe von 2 203 Metern liegende Schutzhütte des Alpenvereins benannt.

ken. Herzl verfasste nicht nur den *Judenstaat*, sondern auch eine Reihe mehr oder minder erfolgreicher Theaterstücke. Eines davon soll er Beer-Hofmann und Schnitzler während einer Plättenfahrt über den Altausseersee vorgelesen haben, was einer der beiden zwangsverpflichteten Zuhörer mit einem lapidaren »jetzt, wo man nicht aussteigen kann« kommentiert haben soll.

Ein dem Ausseerland in besonderem Maß verbundener Schriftsteller war Friedrich Torberg. Der Autor von *Der Schüler Gerber* und der unsterblichen Anekdotensammlung, die er für die beiden *Tante-Jolesch*-Bände zusammengetragen hat, kam schon als Bub mit seinen Eltern auf Sommerfrische nach Altaussee. Eine geliebte Tradition, die er als Erwachsener fortsetzte. Als er 1938 zur Emigration gezwungen war, verschlug es ihn zuerst nach Hollywood, wo er für den P.E.N.-Club unter anderem neben Alfred Döblin und Heinrich Mann zu den »Ten Outstanding German Anti-Nazi Writers« zählte, bevor er nach New York zog. Dort lernte er seine eben-

---

DER JURIST UND DAS TINTENFASS Raoul Auernheimer (1876–1948), ein Cousin zweiten Grades von Theodor Herzl, maturierte in einem Gymnasium in Wien-Döbling, bevor er seinen Militärdienst absolvierte und das Studium der Rechtswissenschaften begann. Nach dessen Abschluss wurde er zwar Gerichtsreferendar an einem Wiener Gericht, doch so richtig vermochte ihn die Jurisprudenz nicht zu fesseln. Im Grunde seines Herzens gehörte Auernheimer der schreibenden Zunft an, weshalb er zugriff, als ihm eine Stelle als Redakteur bei der *Neuen Freien Presse* angeboten wurde. Hier reüssierte er als renommierter Feuilletonist und Kritiker. Darüber hinaus war er ein fleißiger Verfasser zahlreicher Lustspiele und Erzählungen, wobei sein Werk, wie Arthur Schnitzler einmal feststellte, »aber doch schmächtig« blieb. Auernheimers erster Aufenthalt in Aussee ist für das Jahr 1899 noch als »stud. iur.« belegt, danach kam er fast jedes Jahr wieder, um hier den Sommer im Kreis einiger seiner engsten Freunde zu verbringen: Hugo von Hofmannsthal, Jakob Wassermann, Arthur Schnitzler und Richard Beer-Hofmann, Letzterer ebenfalls ein promovierter Jurist. 1937 verbrachte Auernhammer seinen letzten Sommer in Aussee. 1938 wurde er nach dem »Anschluss« verhaftet und war für ein halbes Jahr im KZ Dachau inhaftiert. Mithilfe von Freunden gelangen seine Freilassung und seine Flucht in die USA, wo er sich in der Exilbewegung New Yorks engagierte und mit *Das Wirtshaus zur verlorenen Zeit. Erlebnisse und Bekenntnisse* seine Lebenserinnerungen verfasste. Aus diesem Buch stammt die berühmt gewordene Metapher vom Altausseersee als Tintenfass der Dichter. Auernheimer kehrte nicht mehr in sein geliebtes Aussee zurück, er starb im Jänner 1948 im kalifornischen Oakland.

falls emigrierte Frau Marietta kennen, mit der er ein gastfreundliches Haus für all die vor den Nazis geflohenen Künstler führte. Aussee vergaß Torberg in dieser Zeit nicht, wovon das herzzerreißende Gedicht *Sehnsucht nach Aussee* erzählt. Und nach dem Krieg kehrte er auch wieder zurück in sein geliebtes Aussee, wo er unter ande-

---

DER SEEWIRT Der Müßiggang der Sommerfrische dürfte allerlei Talente zum Erblühen bringen. Blättert man durch die alten Gästebücher des Altausseer Hotels am See und seines wunderbaren, leider nur noch dann und wann geöffneten Gasthauses Seewirt, so lassen sich einige Juristen auffinden, die ihre Zeit in Aussee vielfach ihrer vielleicht wahren Berufung gewidmet haben. 1901 war Dr. Wolfgang Madjera (1868–1926) zu Gast, ein Wiener Magistratsbeamter – ab 1919 war er Obermagistratsrat –, der als Erzähler, Lyriker und Dramatiker reüssierte. Auch Theodor Herzl saß gern auf der Terrasse des Seewirts und wohnte im angeschlossenen Hotel. Ein faszinierender Seewirt-Gast war Josef von Doblhoff-Dier (1844–1928): Der promovierte Jurist mit beruflichem Startvorteil (sein Onkel war der namhafte österreichische Politiker Anton Freiherr von Doblhoff-Dier) verbaute sich seine Aufstiegschancen mit unbedachten allzu liberalen Aussagen im Außenministerium, wo ihn sein Onkel untergebracht hatte. Zum Glück verfügte er über Vermögen, sodass er die Staatsämter an den Nagel hängen und stattdessen mit wachem Geist schreibend »in die Welt ziehen« konnte. Er reiste um den Globus, verbrachte den einen oder anderen Sommer in Aussee und hinterließ der Welt nicht nur einen beachtlichen Nachlass (er befindet sich im Badener Rollettmuseum), sondern auch den archäologischen Verein Carnuntum. Zu guter Letzt sei noch an Robert Weil (1881–1960) erinnert. Der Sohn eines Ölraffineriebesitzers promovierte 1906 zum Doktor der Rechtswissenschaften und absolvierte danach sein Gerichtsjahr, bevor er sich ganz dem Schreiben widmete. Gesegnet mit einem komischen Talent, verfasste er zahlreiche humoristische Texte und Kabarettdialoge. 1938 musste Weil in die USA emigrieren, wo er sich zeitweise als Telegrammbote über Wasser hielt. 1948 erschien noch *Im Dreivierteltakt durch die Welt,* Weils Biografie seines Freundes Robert Stolz, 1960 starb Weil im Exil.

rem in der wunderschönen Villa Königsgarten wohnte. Es war das Haus, das August Daniel von Binzer, einer der ersten Gäste im Ausseerland, für seinen Sohn Karl hatte errichten lassen. Später erwarb Ernst Königsgarten, ein zu seiner Zeit sehr berühmter Fechter, die Villa, bevor sie – wie viele andere Anwesen in damals jüdischem Besitz ebenfalls – 1938 »arisiert« wurde. Königsgarten starb in Theresienstadt. Heute lebt in diesem schönen Haus der Maler Horst K. Jandl, dessen sanftmütige Bilder dieselbe Ruhe ausstrahlen wie die Landschaft rundherum.

Komponieren mit Weitblick

Raoul Auernheimer, Feuilletonist der *Neuen Freien Presse,* Intellektueller, Mitglied der Literatengruppe »Jung-Wien« und ebenfalls Ausseer Stammgast, prägte in seinen Memoiren ein Wortbild, das bis heute Bestand hat: »Die wochenlangen Regenperioden, die den Ausseer Sommer fast wie den schottischen auszeichnen, wiesen uns allenthalben auf uns selbst zurück und steigerten die literarische Betriebsamkeit. … Es lag nahe, in solchen Zeiten, die allsommerlich wiederkehren, den schwarzen See mit einem riesigen Tintenfass zu vergleichen, in das die im Kreise herumsitzenden Dichter ihre Federkiele tauchten.« Eine Zeichnung von Alex Storm und ein Gemälde von Horst K. Jandl taten das ihre, dieses Bild unauslöschlich in unserem Gedächtnis einzugraben.

Doch es gibt auch ein anderes.

Es ist das Bild eines Mannes in seinen Dreißigern, der auf einer schlicht gezimmerten Bank an einem Tisch sitzt.

Das Mobiliar ist fest im Boden verankert und steht im Schatten einer riesigen, uralten Buche im Bad Ausseer Ortsteil Lerchenreith. Es ist die Zeit um 1890, und es ist der Komponist Wilhelm Kienzl, der hier durch die Baumkrone auf den Loser blickt und – wenn er sich umdreht – den Dachsteingletscher blendend weiß vor einem blitzblauen Himmel funkeln sieht. Hier, nur ein paar Schritte vom Gasthaus Zur Wasnerin entfernt, entstand Kienzls berühmtestes Werk, die noch heute immer wieder aufgeführte Oper *Der Evangelimann*. Kienzl kam bereits seit 1877 ins Ausseerland und bewohnte meistens das »auf Liliputaner zugeschnittene« kleine Ausgedingehaus auf dem Wasnerin-Plateau.

Das »auf Liliputaner zugeschnittene« Haus auf dem Wasnerin-Plateau, das Wilhelm Kienzl jahrelang im Sommer bewohnte.

Seine Ruhe wird Kienzl, der bis 1913 seine Ankunft in Aussee immer rechtzeitig mit »Correspondenzkarten« avisierte, nicht immer gehabt haben. Zum einen hatte der Ausseer Kurarzt Dr. Josef Schreiber die sogenannte Terrain-Kur entwickelt, bei der die gesundungswilligen Kurgäste in kleinen Etappen Höhenmeter überwinden mussten. Lerchenreith, 150 Meter über Bad Aussee gelegen, war die erste Etappe. Und schließlich war auch die Wasnerin ein allseits beliebtes Ausflugsziel, das Gustav

Mahler mit seiner Ehefrau Alma ebenso gern aufsuchte wie Richard Strauss oder der Komponist und Dirigent Egon Wellesz, mit dessen Schwägerin wieder der Wahl-Altausseer Jakob Wassermann verheiratet war.

Der Blick auf den Loser mit seiner »Walhall ähnlichen Zinne«, wie Wilhelm Kienzl es formulierte, scheint überhaupt inspirierend für Komponisten gewesen zu sein. Der raue Fels jedenfalls hat Richard Strauss zu seiner vielleicht mächtigsten Tondichtung angeregt, zur *Alpensinfonie,* in die er nicht nur Elemente der Volksmusik einfließen ließ, sondern vor allem die Naturgewalt, die ein solcher Berg darstellt, in Töne übersetzte.

Selbst Gustav Mahler, den eigentlich die Attersee-Region adoptiert hat, weil dort Mahlers geliebtes Komponierhäusl steht, war oft in Altaussee. In der Brudervilla im Ortsteil Puchen steht noch heute das Klavier, an dem Mahler Teile seiner grandiosen zweiten Sinfonie, der *Auferstehungssinfonie,* komponiert hat.

Und zu guter Letzt verdankt noch das Hotel Seevilla seinen Namen einem der großen Komponisten des 19. Jahrhunderts: Johannes Brahms, in Hamburg geboren und ab 1878 in Wien ansässig, kam auf Einladung seines Mäzens, des Agrarwissenschaftlers Ladislaus von Wágner, nach Altaussee. Wágner hatte im Jahr 1880 ein schönes Grundstück nahe der Seeklause erworben und ließ sich hier eine Villa errichten. Im Sommer 1882 lud der kunstsinnige Wágner den Komponisten in sein Refugium am See, wo im August zwei Kammermusikwerke Brahms uraufgeführt wurden. In der Korrespondenz zwischen Wágner und Brahms taucht dann erstmals auch der Name »Seevilla« auf, wie Brahms das Haus treffend bezeichnete.

Am Grundlsee

Spaziert man von Altaussee über Ober- und Untertressen nach Grundlsee, ändert sich die Landschaft. Sie wird weiter, luftiger, der See ist größer (de facto ist es der größte See der Steiermark). Vielleicht liegt es daran, dass es nach dem Grundlsee über Gößl noch weitergeht zum Toplitz- und dann zum Kammersee, dass man sich nicht mehr ganz so verborgen vor der Welt fühlt wie in Altaussee. Geschmackssache oder eine Frage des Naturells, was man vorzieht oder wovon man angezogen wird. Die Sommerfrischler haben beides geliebt und keine Berührungsängste verspürt, was auch Friedrich Torberg bewiesen hat, der dem legendären Grundlseer Gastwirt Max Schraml in seiner *Tante Jolesch* ein Denkmal gesetzt hat.

Wie der Altausseersee hatte im 19. Jahrhundert auch der Grundlsee seinen »Stammadel«, wie Alfred Komarek es pointiert bezeichnete. Dort stand Fürst Hohenlohe-Schillingsfürst an der Spitze und hatte weite Jagdgebiete gepachtet, hier war es Ferdinand Fürst Kinsky, der weniger jagte, dafür aber die Fischereipacht übernommen hatte. Und er war nicht der Einzige aus Österreichs Hochadel, der sich in Grundlsee einen Zweitwohnsitz errichtete. Mit ihm und nach ihm kamen die Grafen Czernin, Kesselstatt und Strachwitz. Vor ihm waren die Grafen von Meran da oder zumindest deren Eltern, als sie noch Anna Plochl und Erzherzog Johann hießen. Sie alle haben sich um Grundlsee höchst verdient gemacht.

Die erwähnten adeligen Herren beispielsweise trugen die finanzielle Hauptlast und Verantwortung dafür, dass Grundlsee seine eigene Pfarrkirche bekam, deren Grundstein 1888 gelegt wurde. Ein anderer, weniger hochadeliger, aber dafür sehr wohlhabender Herr, der Vordernberger Industrielle Hans von Rebenburg, ließ sich nicht nur eine Traumvilla am Ufer des Grundlsees errichten (in der später Sigmund Freud gern und oft zu Gast war), sondern finanzierte auch die Straße von Grundlsee nach Gößl.

Viel mehr als bloß Sommergast war Konrad Mautner. Wenn man in das wahrscheinlich größte Textilunternehmen an der Wende vom 19. zum 20. Jahrhundert hineingeboren wird, dann ist das, könnte man meinen, doch ein Glück: Man kommt schon als Kind in die Sommerfrische an den Grundlsee und verfügt über genügend Mittel, um sich diese nebst standesgemäßer Villa ein Leben lang leisten zu können. Konrad Mautner jedoch, Sohn Isidor Mautners, der ein Unternehmen mit rund 23 000 Angestellten dirigierte, sah das anders. Er wollte kein Industrieunternehmen leiten, sondern ganz einfach am Grundlsee leben.

Konrads Mutter Jenny war höchst kunstaffin und führte im Wiener Familiensitz, dem Geymüllerschlössl in Pötzleinsdorf, einen viel gerühmten Salon. Der Vater stand den Neigungen des Sohns nicht unaufgeschlossen gegenüber, wollte ihn aber doch ins Unternehmen einbinden. Also schickte er ihn nach Amerika – in der Hoffnung, die neue Umgebung würde Konrad die Grundlseer Flausen schon austreiben. Fehlanzeige: Das Einzige, was Konrad Mautner aus den Vereinigten Staaten mitbrachte, war ein tiefes Misstrauen gegenüber der Industriegesellschaft überhaupt.

Ab 1909 verlegte Konrad Mautner also seinen Lebensmittelpunkt so weit wie möglich nach Gößl, das ihm über die Jahre weit mehr ans Herz gewachsen war als die elegante Welt des elterlichen Salons. Er war viel mehr als jene Sommergäste, die sich damals wie heute als Ausseer verkleiden, er war – und das ist in Gößl, wo ein Grundlseer gerade noch als Nachbar durchgeht, einer aus Bad Aussee aber schon ein Fremder ist, eine wahre Besonderheit – ein Freund. Mautner half während des Ersten Weltkriegs, wo er konnte, finanzierte sogar ein Lazarett und trug die Kosten, wenn ein Gößler einen Arzt brauchte.

Und schließlich wurde Konrad Mautner zum Forscher. Sein Metier war das alte Brauchtum des Ausseerlandes, die Lieder, Tänze, Bräuche und Trachten, die von Generation zu Generation weitergetragen wurden. Systematisch trug er zusammen, was er finden und erfahren konnte, und gab 1910 als sein Hauptwerk das *Steyerische Raspelwerk* heraus. Dass er jene »Vierzeiler, Lieder und Gasslreime aus Goessl am Grundlsee«, die im *Raspelwerk* veröffentlicht wurden, überhaupt verstand, lag daran, dass er die Ausseer Mundart fast wie eine Fremdsprache erlernt hatte und nahezu akzentfrei sprach.

Konrad Mautner, schon als Kind von schwacher Gesundheit, starb 1924 im Alter von nur 44 Jahren. Zehn Jahre später erschien sein letztes großes Werk, für das er sich mit dem renommierten Volkskundler Viktor von Geramb zusammengetan hatte: das *Steirische Trachtenbuch*.

Weit weniger interessiert an der Lebensart seiner Ausseer – oder eigentlich: Grundlseer – Umgebung war ein anderer Villenbesitzer, der eine Weile sehr viel Geld und dann keines mehr hatte. Camillo Castiglioni, genannt »der

Am Grundlsee

Mehr als zehn Kilometer frei zugängliche Badestrände, Trinkwasserqualität und – wenn das Wetter halbwegs mitspielt – im Sommer bis zu wohlige 25 °C: Der Grundlsee ist purer Luxus in intakter Natur.

Haifisch«, in Triest geboren und ein Meister darin, reich zu werden, wenn alle anderen Hab und Gut verlieren. Castiglioni besaß Flugzeugfirmen und die Bayerischen Motoren-Werke, war an Austro-Daimler beteiligt, an den Puch-Werken und an der Österreichisch-Alpinen-Montangesellschaft. Und weil er es sich leisten konnte, besaß er ein Palais in Wien, sammelte Kunst, finanzierte Max Reinhardt bei seinen Plänen für das Theater in der Josefstadt und die Salzburger Festspiele und ließ für seine Frau (und, selbstverständlich, zur standesgemäßen Repräsentation) eine Villa aus dem 19. Jahrhundert am Grundlsee zum Märchenschloss umbauen.

Castiglioni kaufte die Villa 1920, ließ von einer Berliner Gartenbaufirma einen Landschaftsgarten anlegen, baute die Zufahrtsstraße aus und füllte das Schlösschen bis unters Dach mit wertvollen Antiquitäten. Als Castiglionis Schulden sein Vermögen schmerzhaft überstiegen, überschrieb er die Villa seiner Frau Iphigenie, um wenigstens dieses Anwesen vor seinen Gläubigern zu schützen. 1935 kam das Castiglioni'sche Familiensilber am Grundlsee dennoch unter den Hammer, 1943 wurde die Villa zum Zwischenlager für die Bücher der in Linz geplanten »Führerbibliothek«.

In Castiglionis Nachbarschaft hielt die Sozialreformerin, Frauenrechtlerin und Alternativpädagogin Eugenie Schwarzwald Hof. Im selben Jahr wie jener übernahm sie – der als Hofrätin Schwarz-Gelber in Karl Kraus' *Letzten Tagen der Menschheit* und als Madame

In jeder Hinsicht eine bemerkenswerte Frau: Dr. Eugenie Schwarzwald, promovierte Philosophin und Schulreformerin, die sich besonders für die Bildung von Mädchen und Frauen einsetzte. Ihren Gästen in der Grundlseer Villa Seeblick bot sich dieses herrliche Panorama vom Backenstein links im Bild über den See bis zum Turm der Villa Castiglioni.

Tuzzi in Robert Musils *Mann ohne Eigenschaften* literarische Denkmäler gesetzt wurden – die Villa Seeblick. Hier sammelte sie nicht nur ausgewählte Schützlinge um sich, sondern auch eine schillernde Gästeschar: Rudolf Serkin saß am Klavier, Jakob Wassermann kam aus Altaussee herüber, Carl Zuckmayer, Helene Weigel, Axel von Ambesser und Elisabeth Neumann-Viertel tauschten sich übers Theater aus, Sinclair Lewis, der Autor von *Elmer Gantry,* wartete auf den Nobelpreis und Bill Brandt, der renommierte Fotograf, auf das richtige Licht für seine Bilder.

Eugenie Schwarzwald, an deren Wiener Schule Größen wie Adolf Loos, Arnold Schönberg oder Hans Kelsen Schülerinnen wie Anna Freud, Hilde Spiel oder Helene Weigel unterrichteten, wurde während eines Dänemark-Aufenthalts vom »Anschluss« überrascht und emigrierte unverzüglich in die Schweiz, wo sie 1940 starb. Ihre Villa wurde längst zu einem postmodernen Hotelbetrieb umgebaut. Ob hier noch der Geist jener Legenden weht, die sich auf Madame Schwarzwalds Terrasse trafen, ist nicht bekannt. Was zweifellos geblieben ist, ist der einmalige Blick über den Grundlsee.

Erinnerungen

Die Kultur der ausgedehnten Sommerfrische, bei der ganze Haushalte ins sommerliche Domizil übersiedelten – man nannte das »menagieren« –, endete spätestens mit dem »Anschluss« Österreichs an das Deutsche Reich. Doch schon die Jahre zwischen den beiden Weltkriegen

Ausseer Gäste

DER GENDARMERIEGRUPPENINSPEKTOR Alois Mayrhuber, gebürtiger Oberösterreicher und im Brotberuf Polizist, entwickelte sich in seiner Ausseer Wahlheimat zu einem ebenso unermüdlichen wie renommierten Heimatforscher. Er war Obmann des Burgvereins Pflindsberg, gründete das heute berühmte Heimat- und Literaturmuseum in Altaussee und erkundete die Biografien all jener Künstler, denen das Ausseerland über die Jahrzehnte zur zweiten Heimat geworden war. 1979 kuratierte Mayrhuber im Kurhaus von Bad Aussee eine vielbeachtete Ausstellung über Hugo von Hofmannsthal, und bereits ab 1972 veröffentlichte er in Regionalzeitungen regelmäßig biografische Miniaturen »seiner« Künstler. Anfang der 1980er-Jahre arbeitete Mayrhuber daran, aus den Einzelbeiträgen ein Brevier und darüber hinaus ein heimatkundliches Bändchen zusammenzustellen, das den hübschen Titel *Kleines Ausseer Regenbüchlein* trug. Beide Bücher erschienen, doch leider postum: Am Abend des 23. Februar 1984 versuchte der Taxiunternehmer Ewald P., den Geldtransporter der Post beim Bahnhof Bad Aussee zu überfallen. Es kam zu einem Schusswechsel, dem sowohl der Postbeamte Karl Amon als auch der zu Hilfe gerufene Polizeiinspektor Alois Mayrhuber zum Opfer fielen. P. flüchtete schwer verletzt zu Fuß, wurde schnell gefasst und später zu lebenslanger Haft verurteilt.

---

besaßen nicht mehr ganz die Strahlkraft wie jene an der Wende vom 19. zum 20. Jahrhundert. Doch unberührt von den Zäsuren der Zeitläufte schenkt die in sich ruhende Landschaft des Ausseerlands weiterhin all jenen Ruhe, die sich ihr anvertrauen. Die Stammgäste kamen und kommen weiterhin, und eine Generation löst die nächste ab. Unter den Theaterschaffenden, die sich das Ausseerland zu ihrem Sommerrefugium erkoren, kamen Josef Kainz und Ludwig Gabillon um die Jahrhundertwende, danach waren es Attila Hörbiger und Paula Wessely (sie waren gern gesehene Gäste in Joseph Goebbels »arisierter« Villa Roth), später Paul Dahlke und Elfriede

Ott am Grundlsee sowie die Josef-Kainz-Medaillenträgerin Elisabeth Trissenaar und der Regisseur Hans Neuenfels in Altaussee. Auch so schließen sich Kreise.

Erinnerungen an die Frühzeit des Salzkammergut-Tourismus, als man noch »Fremdenverkehr« und »Sommerfrische« sagte, gibt es im Ausseerland an allen Ecken und Enden, und man pflegt die Reminiszenzen mit Liebe und mit Recht. Besonders gelungen ist eine Art systematischen Erinnerns – dank Beharrlichkeit, Engagement und Kreativität von Barbara Frischmuth und ihrer unermüdlichen Mitstreiterin Marianne Goertz – mit dem Aufbau des Altausseer Literaturmuseums. Seit 2005 gibt es dieses Museum im Kur- und Amtshaus von Altaussee. Ein passender Ort für dieses kulturelle Kleinod, denn auch das Amtshaus war einmal eine Sommerfrischevilla, nämlich jene des Wiener Bankiers und Industriellen Rudolf Auspitz.

Am schönsten aber ist es vielleicht, entlang der Via Artis jenen An- und Ausblicken zu folgen, die von den Schriftstellern, den Malern und Komponisten so tief empfunden und mit so viel Poesie beschrieben wurden.

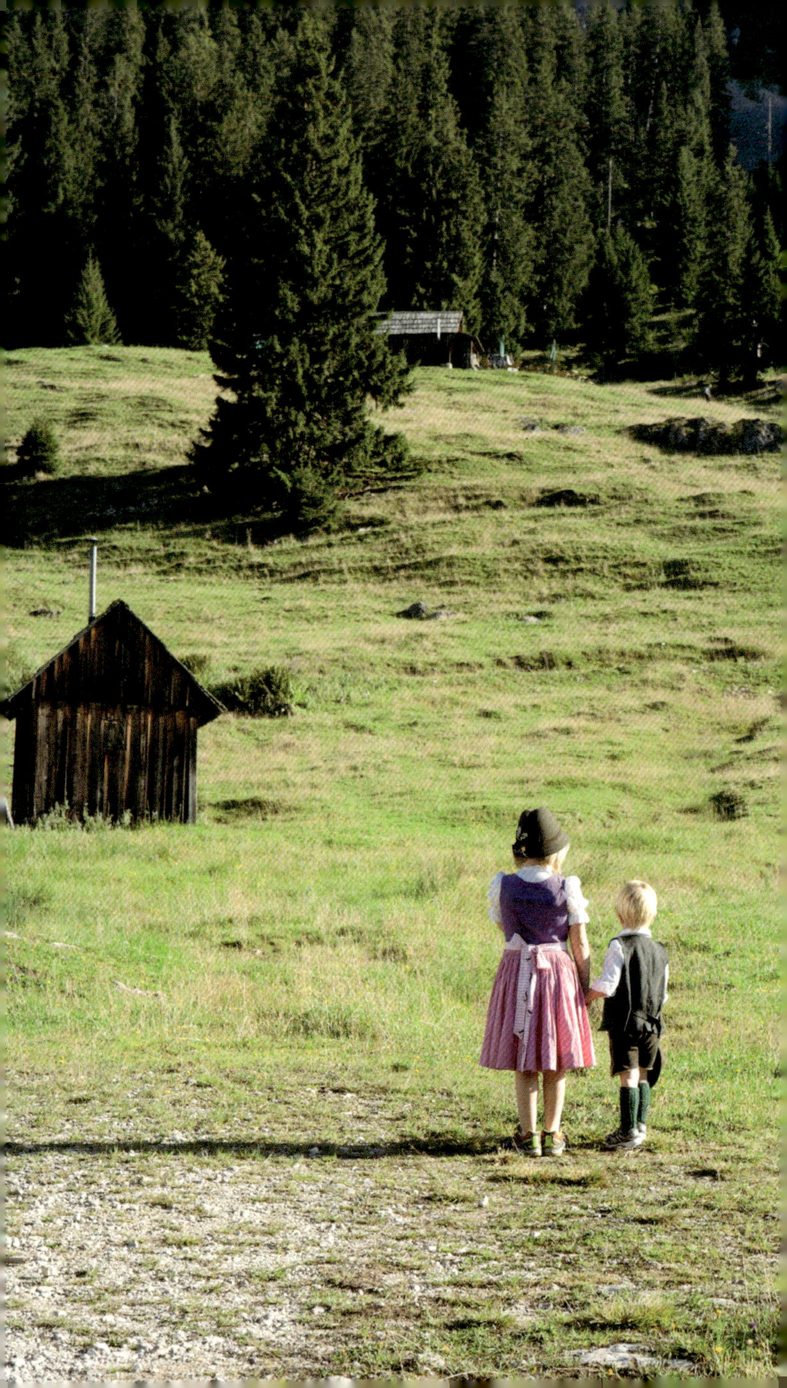

AUSSEER SPEZIALITÄTEN
Ein Kaleidoskop der Möglichkeiten

Traditionen stecken im Ausseerland natürlich im Gewand, aber auch in Masken, in Blumen, sogar in Musikinstrumenten und – was oft übersehen wird – in den Bräuchen der Bergknappen. Schließlich haben sogar die berühmten Ausseer Faschingsbräuche – immaterielles UNESCO-Weltkulturerbe seit 2016 – ihren Ursprung in der Salzindustrie. Viele der Traditionen hängen mit bestimmten Jahreszeiten zusammen, alle mit hoher Kunstfertigkeit. Ganz gleichgültig, ob es sich um die heiteren »Flinserl« im Fasching handelt, um spezielle Flöten oder darum, ein taubenförmiges Holzstück mit eiserner Spitze zielsicher auf eine Papierscheibe zu schießen.

Doch alles schön der Reihe nach, denn am Beginn steht in jedem Fall die Tracht.

Dirndl, Lederhose, Spenzer, Lodenrock, Seidentuch und, wenn es regnet, ein Wetterfleck – wer nach Aussee kommt, sieht diese Art der Kleidung nicht nur zu besonderen Anlässen. Tracht zu tragen gehört für Ausseer zum Alltag. Die »Textil-Assimilation« der Gäste im Ausseerland hat zwar eine lange Tradition und natürlich ihre Berechtigung. Dennoch reicht es nicht, ins nächste Geschäft zu gehen und die passende Größe auszusuchen. Ein wenig Zeit, um Hintergründe auszuloten und mit Respekt an das Ganze heranzugehen, sollte man sich nehmen.

»So fand ich den Ort, an dem ich mich dauernd niederließ, das Tal im steirischen Gebirge; und diese Landschaft wurde mir zum Freund wie ein Mensch zum Freund wird nach jahrelanger Erprobung.«
Jakob Wassermann.
Das Bild entstand auf der Weißenbachalm, wo 2017 der traditionelle Pfeifertag – das Treffen der besten Seitlpfeifer des Landes – abgehalten wurde.

Von Farben, Seidendruck und Geduld

Als der Adel im 19. Jahrhundert ins Salzkammergut und dann auch nach Aussee kam, stellten die Herrschaften schnell fest, dass sich ihre stadtfeine Kleidung wenig fürs Landleben eignete. Abgesehen von Erzherzog Johann, der seine Steiermark grundsätzlich in ebenso landtauglicher wie schlichter Kleidung bereiste, war der Erste einmal mehr Kaiser Franz Joseph in Ischl, der im Sommer seine Uniform gegen einen Jagdanzug tauschte. Man sah den Kaiser, und zahlreiche Fotos beweisen das, in Ischl so gut wie immer in Kniestrümpfen, Lederhose, Lodenjacke und festem Schuhwerk. Der Kaiser als Vorbild, die Sehnsucht nach dem Einfachen und eine gute Portion Naturromantik waren wohl ausschlaggebend dafür, dass die hochadeligen Gäste im Ausseerland die Trachten der Einheimischen adoptierten und nach ihrem Geschmack adaptierten. Und als das Bürgertum und dann auch die Künstler folgten, taten sie dasselbe.

Es war ja auch praktisch, die Stadtkleidung gegen das einzutauschen, was die Ausseerinnen und Aussee trugen. Die Bluse unter dem Leinenoberteil mit dem daran festgehakten, später angenähten Rock, über dem eine Schürze getragen wurde, weil sie einfacher zu reinigen war als der ganze Rock, war bei Weitem bequemer als ein eng geschnürtes Mieder und schwere Stoffe in mehreren Lagen. Dazu konnte man dann jederzeit gut und gern die schönen bunten, handbedruckten Seidentücher tragen, die die Ausseerinnen nur an Festtagen aus dem Schrank holten. Die Herren auf Sommerfrische wiederum nahmen Anleihen bei den Forstarbeitern: die knielange Lederhose, die sich auf weiten Bergwanderungen und auf der Jagd als ideales Kleidungsstück erwies, die Lodenjacke, weil sie gegen Wind und Wetter der ideale Schutz war.

Andererseits beeinflussten auch die Tragegewohnheiten der zugereisten Städter die Trachten im Ausseerland. Denn die »Zweitheimischen« brachten immer wieder aus der Mode gekommene oder nicht mehr getragene Kleidungsstücke mit, die sie im Dorf verschenkten. Mit einem Frack konnte ein Ausseer naturgemäß kaum etwas anfangen, weshalb man ihn hinten einfach abschnitt, woraus sich schließlich der typische, noch heute getragene Ausseer Spenzer – die Jacke – entwickelte. Das wiederum fanden die Gäste attraktiv, ließen sich ähnliche Joppen schneidern und verfeinerten sie durch Ziernähte und Stickereien, darunter die Gämse am Rücken, woraus sich der hübsche Begriff des »Gamsfrackls« entwickelte.

Faszinierend war es für die adeligen Sommergäste allemal, sich mit den Trachten und Bräuchen der Bauern und Bäuerinnen, der Jäger und Sennerinnen auf die Spuren einer Kultur zu machen, die geradezu exotisch gewirkt haben muss. Marie Fürstin zu Hohenlohe-Schillingsfürst und ihre Enkelin Gräfin Hanna Schönborn (nach ihrer Hochzeit 1908 Johanna Gräfin zu Eltz) etwa ließen es sich nicht nehmen, Ausseerinnen und Ausseer in deren Trachten systematisch mit der Kamera festzuhalten. Die Fotos dienten dann Ferdinand Leopold von Andrian-Werburg, Geologe, Anthropologe und Ehrenbürger von Altaussee, als dokumentarische Illustrationen für sein 1905 veröffentlichtes Buch *Die Altausseer,* in dem er ein ganzes Kapitel der peniblen Darstellung der Ausseer Tracht widmete. Da ist die Rede von Kniehosen

Ausseer Spezialitäten

DIE SACHE MIT DEM WETTER Es ist die Nordstaulage, die Aussee nicht nur enorm schneereiche Winter – hier nimmt es das kleine Dorf ganz leicht mit dem Arlberg auf! –, sondern auch beachtliche Regenmengen in der eigentlich als warm titulierten Jahreszeit beschert. Es heißt, es gäbe im Ausseerland kein schlechtes Wetter, sondern bloß das falsche Gewand. Abgesehen davon, dass Schlechtwetterperioden für die zahlreichen Kreativen, die sich Sommer für Sommer im Ausseerland niederlassen, ein ausgezeichnetes Remedium gegen die gefürchtete Prokrastination sind, heißt Regen in Aussee auch: herrliche Luft, ein unvergleichlicher Duft und – mit dem richtigen Gewand! – die Gelegenheit, einsame Spaziergänge abseits des touristischen Rummels unternehmen zu können. Um den Regen kamen auch die Dichter der Vergangenheit nicht herum: Regen »rauschte« Nikolaus Lenau »um die Ohren«, und Daniel Spitzer stellte fest: »Ich merkte sofort, dass Aussee ein klimatischer Curort sei, denn es hörte gar nicht zu regnen auf.« Hofmannsthal beklagte sich im September 1912 bei Richard Strauss über »Regen seit 7 Tagen, nach einem schon verdorbenen August«. Doch Ausseer Gäste sind geduldig, wie der ehemalige *profil*-Chefredakteur und versierte Aussee-Zweitheimische Peter Michael Lingens einmal festhielt: »Um keinen Unwürdigen in dieses Paradies eindringen zu lassen, hat Gott eine stete Prüfung über die Besucher des Ausseer Landes verhängt: das Ausseer Wetter.«

---

aus »Hirsch- oder Gemsleder«, von Kniestrümpfen in Weiß (wochentags) oder Blau (sonntags), die in verschiedenen Mustern (sie tragen so schöne Namen wie Brennende Liebe, Tulipan oder Hasentanz) gestrickt wurden. Und auch von den »Knoschpen« wird erzählt, den Holzpantoffeln mit Lederoberteil – ebenso praktische wie unverwüstliche Arbeitsschuhe für Hof und Stall.

Bereits Ende des 19. Jahrhunderts erhielt das Ausseer Dirndl jene Farben und Stoffkombination, die es von jedem anderen Dirndl unterscheiden: grüner Leinenleib, rosa Rock und lila Schürze. So hat es Konrad Mautner in einem 1910 erschienenen Artikel beschrieben. Und Mautners Ehefrau Anna ist zu verdanken, dass die Kunst des aufwendigen Seidendrucks mit der Hand nicht verloren ging. Sie arbeitete in ihrer 1920 in Gößl gegründeten Handdruckerei nicht nur mit alten Modeln, sondern ersann auch neue Muster und Farbkombinationen, die noch heute für Festtagsschürzen und Seidentücher verwendet werden.

All das zeigt ganz deutlich eines: Tracht ist keine Uniform und schon gar nichts, was unveränderlich festgeschrieben ist. Röcke werden einmal kürzer und einmal länger, Hüte höher und niedriger, Farben blasser und intensiver. Und letzten Endes ist es Geschmackssache, ob man eher zur grauen Joppe mit den grünen Applikatio-

Ein Blick in die Werkstatt des Meisters der Lederhosen: Christian Raich hat den alteingesessenen Handwerksbetrieb seiner Vorväter übernommen. Eine Lederhose zu schneidern ist eine wahre Wissenschaft, bei der eine Vielzahl an Details bedacht werden muss. Kein Wunder also, dass es ein bis zwei Jahre dauern kann, bis der stolze Besitzer sein maßgeschneidertes Unikat in Händen hält.

nen greift oder zur grünen, die sich Prinz Hohenlohe erstmals schneidern ließ und die folgerichtig den Namen »Hohenlohe-Spenzer« trägt. Was zählt, ist die hohe Qua-

---

DANIEL KÄFER, BIERMÖSEL, GASPERLMAIER ET AL. Das »Europa der Regionen« wurde vielleicht nirgendwo so nachhaltig und zugleich so unterhaltsam verwirklicht wie im weiten Feld der Kriminalromane. Es gibt sie, fern jeglicher Gurkenkrümmungs- und anderer Verordnungen, dafür üppig mit Lokalkolorit glasiert, für die Bretagne und die Dordogne, für Sizilien und die Toskana, für Venedig, Glasgow – und für das Ausseerland. Am Beginn aller Ausseerlandkrimis stand Daniel Käfer, eine Schöpfung Alfred Komareks, eines gebürtigen Bad Ausseers und alle Tiefen auslotenden Aussee-Kenners. Sein Protagonist ist ein ehemaliger Chefredakteur, der seine Lebenswunden an den Orten seiner Kindheitssommer zu heilen gedenkt: im Salzkammergut, speziell im steirischen Salzkammergut. Hier gerät er in Geschichten und Rätsel, in Kriminalfälle und alte psychologische Strudel, die seine Seele ebenso beschäftigen wie seinen Verstand. Daniel Käfer, sozusagen ein veritabler Zweiheimischer, wahrt Eleganz und eine gewisse Distanz, auch wenn ihm seine »Falle« doch recht naherücken. Das absolute Kontrastprogramm zu den vier Daniel-Käfer-Krimis bietet Manfred Rebhandls *Biermösel*-Tetralogie: Biermösel ist der Antiheld schlechthin, dessen Prädestination bereits im Prolog ausgebreitet wird: »Einmal, kruzifix, einmal nur, dass auch ihm etwas gelingen könnte und er nicht immer nur Spott und Hohn ausgesetzt wäre.« Rebhandls *Biermösel*-Krimis, über die ein Leser schrieb, sie klingen, als hätte Manfred Deix sie geschrieben, sind – wen wundert's – Kult. Manchmal unappetitlich, oft zum Fremdschämen, aber Kult. Das Missing Link zwischen Daniel Käfers Eleganz und Biermösels Verdauungsstörungen sind die freundlichmenschlichen Geschichten rund um den Dorfpolizisten Franz Gasperlmaier, die auf den Ideen des Autors und Lehrers Herbert Dutzler beruhen. Mittlerweile sind es insgesamt neun Kriminalfälle – von *Letzter Kirtag* bis *Letzter Knödel* –, die Gasperlmaier und Kriminalkommissarin Dr. Renate Kohlross gemeinsam aufgeklärt haben. Was alle Romane gemeinsam haben, ist das heitere Spiel mit den Konventionen, den Traditionen und den zahllosen Vorurteilen, die den Ausseer Alltag von Ein- und Zweiheimischen prägen.

lität des Handwerks, das im Ausseerland lebendig geblieben ist und von einer kleinen, aber sehr feinen Riege renommierter Legenden regiert wird. Von Christian Raich etwa, der Lederhosen auf den Leib schneidert, was vom künftigen Träger viel Geduld erfordert, denn bei vollen Auftragsbüchern kann es bis zu drei Jahre dauern, bis man ein solches maßgeschneidertes Stück abholen kann. Aber dann hält es ein Leben lang. Oder von der bereits 1532 gegründeten Hutmacherei Leithner, bei der nahezu eintausend vorwiegend aus Lindenholz angefertigte Hutformen zur Auswahl bereitliegen. In der Bad Ausseer Ischlerstraße ist Martina Reischauer die Herrscherin über Seidenstoffe, Farben und die Modeln der Anna Mautner. Und sich ein Dirndl auf den Leib schneidern zu lassen, ist angesichts der traditionsreichen Handwerksbetriebe Haselnus (in Altaussee), Rastl, Steinhuber (beide in Bad Aussee) und anderer, die ihre Schneidereien alle seit mehreren Generationen führen, auch keine Kunst.

Vorsicht sollte man dennoch walten lassen. Denn wer nicht aus dem Ausseerland stammt, es aber trotzdem ganz genau nimmt und ein mittleres Vermögen für Lederhose, Hohenlohe-Spenzer & Co. ausgibt, um dann mit nagelneuer Tracht durch Aussee zu stolzieren, zieht nolens volens die Blicke auf sich. Allerdings nicht unbedingt bewundernde. Besser also, man geht es langsam an, beginnt mit einem Tuch (die Damen) oder einem Bindl (das Halstuch der Männer), und wenn man dem Ausseerland über Jahre die Treue hält (was wahrscheinlich ohnehin der Fall ist), ist immer noch Zeit, sich von Kopf bis Fuß in die schönen Trachten dieser zauberhaften Gegend zu hüllen.

Von Flinserln, Trommelweibern und Schweineblasen

Aus welchem Zeitalter er wirklich stammt, vermag niemand so genau zu sagen. Sicher ist, dass einzelne Elemente bereits seit dem 14. Jahrhundert nachweisbar sind, andere seit dem 18. Jahrhundert. Die Rede ist vom Ausseer Fasching und seinen klassischen Gestalten: von Pless, Trommelweibern und den bunten, glitzernden Flinserln. Mit gutem Grund kann man jedenfalls annehmen, dass die drei heiligen Faschingstage, wie Faschingssonntag, Rosenmontag und Faschingsdienstag im Ausseerland genannt werden, direkt mit den Arbeitern im Salzbergwerk und den Salinenarbeitern zu tun haben. Denn schon für das späte Mittelalter ist verbürgt, dass die Arbeiter an diesen Tagen freibekamen und dass ihr Dienstherr, der Salzverweser, großzügig Wein und süßes Gebäck an sie verteilte. Man wird sich wohl bald mit Masken verhüllt haben, um am Aschermittwoch aus der

---

MASKENVERBOT   Das bunte Faschingstreiben war den Herrschenden zu allen Zeiten ein Dorn im Auge. Zu viele Freiheiten, die sich die Untergebenen da herausnahmen, zu viel unterschwellige Kritik, die diese im Schutz von Masken an der Obrigkeit übten. Reglementiert war der Fasching deshalb schon, seit es diese Bräuche gab. Besonders streng waren die Gesetze, die Maria Theresia 1746 mit ihrer *Fasching- und Ballordnung* gegen das bunte Treiben ihrer Untertanen erlassen hatte: Masken auf den Straßen zu tragen, war streng verboten. In den Städten verlegte die Feierlustigen ihre Umzüge daraufhin in die Säle. Im Ausseerland dagegen gingen die Menschen von den Straßen auf die Hausdächer und feierten dort lustig und maskiert weiter. Bestand hatte dieses gefährliche Spiel in luftiger Höhe angeblich nur eine Saison lang, danach wurde wieder auf der Straße gefeiert – und die kaiserliche Verwaltung in Aussee drückte alle Augen zu.

verkehrten Welt, in der die Arbeiter drei Tage lang die Herrschaft übernahmen, ungestraft wieder in den Alltag zurückkehren zu können. Denn am Beginn des bunten Treibens stehen die Faschingsbriefe, und sie sollen ursprünglich den Salinen- und Bergwerksarbeitern die Möglichkeit geboten haben, der Obrigkeit im Schutz der Masken ganz unzensuriert die Leviten zu lesen.

Der Ausseer Fasching beginnt am 7. Jänner, also am Tag nach Dreikönig, und steuert unaufhaltsam auf seinen Höhepunkt vor Beginn der Fastenzeit zu. Am Faschingssonntag werden die Faschingsbriefe in den Gasthäusern des Ausseerlands vorgelesen. Nach wie vor sind sie eine Art »Narrengerichtsbarkeit«, ein Ventil, um Unmut zu äußern oder wenigstens um sich pointiert über Eigenarten und Missgeschicke von Nachbarn, Freunden und Kollegen lustig zu machen. »Unter der Maske kannst du's wagen / Anderen die Wahrheit zu sagen« – das gilt heute ebenso wie vor fünf-, sechshundert Jahren. Wobei »vorlesen« der Angelegenheit nicht ganz gerecht wird, denn die meistens in gereimten Versen verfassten Faschingsbriefe werden von Musik begleitet, was sich bei einer guten Besetzung zu einem höchst kunstvollen Viergesang entwickeln kann.

Der Rosenmontag gehört dann den Trommelweibern, die laut und vernehmlich auf ihre Grenadiertrommeln schlagen und durch die Orte ziehen. In Wahrheit sind die Weiber natürlich Männer – zumindest in Bad Aussee –, die in riesige weiße Nachthemden schlüpfen, auf dem Kopf Schlafhauben tragen und ihre Gesichter unter rotwangigen Frauenmasken verbergen. Gleichgültig, ob Bürger- oder Arbeitertrommelweiber: Wer in diese illustre Truppe aufgenommen werden möchte, muss nicht nur einen Faschingseid ablegen, sondern auch eine Menge Hochprozentiges vertragen.

In Altaussee ist das ein wenig anders: Da stecken in den weißen Kitteln tatsächlich Frauen, und es ist ein relativ junger Brauch, der kurzerhand als eine Art Therapie für die harte Zeit nach dem Zweiten Weltkrieg eingeführt wurde. Die Altausseer Trommelweiber, die immer von Musikern der Salinenmusik begleitet werden, waren ein Erfolg und haben sich gehalten.

Die Auftritte von Pless und Flinserl bilden am Faschingsdienstag den krönenden Abschluss des Ausseer Faschings. Zuerst muss der Winter, symbolisiert durch die Pless, vertrieben werden. Es sind junge Burschen in weißen Anzügen, die einen Weidenkorb auf dem Kopf tragen. In der Hand haben sie einen Stock mit Stofflappen, die sie in Pfützen und Kübel tauchen, um dann wie wild damit herumzuspritzen. Die Kinder aber bleiben den Pless nichts schuldig und jagen, bewaffnet mit Schneebällen, hinter ihnen her.

Hat der Winter klein beigegeben und sich verzogen, kommt der Frühling: die Flinserl, jetzt in Paaren aus »Mandl und Weibl«, Lichtgestalten in bunten Farben, freundlich, sogar die Musik klingt anders, ist fröhlicher und heiterer.

Woher diese Frühlingsgestalten des Ausseer Faschings wirklich kommen, ist nicht ganz klar. Im nahen Obersdorf bei Bad Mitterndorf sind ähnliche Masken – die bunten Fleckerl – seit dem 15. Jahrhundert bekannt. Die bunten Stoffe sind weniger rätselhaft: Die Salinenbeamten waren ortsfremde Adelige, die wertvollere und vielfarbige Kleidung trugen. Was da weggeworfen wurde, wurde wohl auch für die Faschingskostüme verwendet.

Von Flinserln, Trommelweibern und Schweineblasen

Farbenfroh, heiter und den Frühling verheißend: die Ausseer Flinserl. Eine Sonderform, die es nur in Altaussee gibt, sind die Knopferl, deren Kostüme mit bunten Knöpfen in unterschiedlichen Mustern bestückt sind. Für beide gilt: Die Kostüme sind immer ein Unikat.

Doch woher haben die Ausseer Flinserl ihre funkelnden Silberpailletten? Lange hieß es, sie wären dank des Salzhandels aus Venedig importiert. Doch Venedig brauchte kein Salz aus Aussee, weil sein Salz aus den Meeressalinen in Apulien und Istrien kam.

Dabei ist doch die Schönheit und die Anmut der Flinserl vom Wissen über ihren Ursprung ganz und gar unabhängig. Die Flinserl beschließen die heiligen drei Faschingstage, sagen Sprüche auf, hören sich die Sprüche der Kinder an und verteilen Nüsse und Früchte. Und wenn sich irgendwer zu vehement in den Vordergrund drängt, dann gibt es immer noch den »Zacherl« – jene

Figur, die den allzu Vorlauten mit einer an einem Holzstiel befestigten Schweineblase sanft, aber bestimmt in die Schranken weist.

Von Holztauben, Seitlpfeifern und Schwerttänzern

»Bei Gras« und »bei Stroh«, so teilte man früher das Jahr am Land. Das gräserne Sommerhalbjahr begann am Georgitag, dem 23. April, und dauerte bis zum Martinifest am 11. November. Zeit für die Pflege alter Bräuche fand man, leicht nachvollziehbar, eher im Winter, wenn die Ausseer als Berg-, Salinen- oder Holzarbeiter und Nebenerwerbsbauern nicht ganz so viel Arbeit hatten. Die Bergarbeiter feiern das Barbarafest unter Ausschluss der Öffentlichkeit am 4. Dezember, aber schon mit dem Nikolausfest am Abend des 5. Dezember gibt es besonders für Kinder einen Höhepunkt im Brauchtumsjahr. »Miklopassen« nennt sich dieser Brauch in der Nikolonacht, bei dem eine ganze Truppe aus einem Bischof und höchst eigentümlichen Figuren wie Gangerln, Habergoaß, Grasteufel und anderen von Haus zu Haus zieht, um die Kinder zu ermahnen und zu belohnen.

Ebenfalls »bei Stroh« findet beim Altausseer Schneiderwirt das Taubenschießen statt. Dieser alte seltene Brauch entstand wahrscheinlich als kostengünstige Alternative zu den Schützenvereinen, denn eine Flinte konnte sich nicht jeder leisten und durfte vor allem nicht jedermann besitzen. Für das Taubenschießen hingegen braucht man nur eine »Taube«, ein Podest für den Schützen und ansonsten eine ruhige Hand und Zielsicherheit.

Die beste Beschreibung, wie das Taubenschießen funktioniert, verdanken wir Ferdinand Leopold von Andrian-Werburg und seinem Buch *Die Altausseer:* »Eine hölzerne Taube, deren Schnabel eine Eisenspitze bildet, hängt frei an einer langen Schnur. Eine zweite ist an der Schwanzspitze angebracht. Mittels der letzteren muss der Spieler der Taube den richtigen Schwung geben, damit sie mit dem Schnabel in die Kreise der gegenüberliegenden Scheibe trifft.« Geschossen wird vom ersten Sonntag nach Allerheiligen bis zum Sonntag vor dem Faschingssonntag. Die »heiligen Faschingstage« sind dann auch für die Taubenschützen Höhepunkt und Abschluss ihrer Saison, wenn die Jahressieger geehrt werden und der Schützenzug durch die Gastwirtschaften Altaussees zieht.

Lange Zeit dürfte das Taubenschießen relativ populär gewesen sein, und zwar nicht nur im Ausseerland oder im Salzkammergut, sondern in halb Europa. Mittlerweile jedoch ist der Altausseer Taubenschützenverein eine wahre Rarität, sodass die UNESCO nicht lange zögerte, diesen Brauch 2016 in die Liste des immateriellen Kulturerbes aufzunehmen.

Ganz unabhängig von »Gras« oder »Stroh« dagegen ist die Musik. Gleichgültig, um welchen Anlass es sich handelt, ob um Geburtstage oder alte Bräuche, Hochzeiten oder Feiertage, Musik ist im Ausseerland unverzichtbar. Schon die Eheanbahnung geschah früher beim Tanz in Scheunen und Almhütten, wo zu den Klängen einer schlichten Mundharmonika und ohne Schuhe getanzt wurde, um die Musik nicht durch schwere Schritte zu übertönen. Getanzt wurden Schleunige, Landler und Steirer, begleitet wurden sie von einem der beeindruckendsten »Rhythmusinstrumente« überhaupt: klatschenden Händen. Dieses »Påschen« genannte Klatschen ist Männern vorbehalten. Wie die Stimmlagen eines Chors eingeteilt in mehrere Gruppen, wird rhythmisch genau aufeinander abgestimmt geklatscht, wobei es bestimmte Signale gibt, nach denen sich Form – mit flachen oder hohlen Handflächen – und Takt ändern können. Es hat etwas geradezu Hypnotisches, dabei zuzuhören. Und man sollte sich damit auch unbedingt zufriedengeben, denn wenn man im Ausseerland einen Fauxpas begehen kann, dann den, unaufgefordert mitzuklatschen oder – noch schlimmer! – dagegenzuklatschen, auf Ausseerisch »einipåschen«.

Der 15. August ist der traditionelle »Pfeifertag«, an dem sich die Seitl- oder Schwegelpfeifen-Virtuosen auf einer Salzkammergutalm treffen. Eingeladen sind immer auch Seitlpfeifer aus anderen alpinen Gegenden. Gespielt werden Landler, Gstanzln oder Märsche – in jedem Fall echte, unverfälschte Volksmusik. Auf diesem Bild ist es der Pfeifertag auf der Weißenbachalm hoch über dem Grundlsee, und die Seitlpfeiferin trägt ein echtes Ausseer Dirndl: grüner Leib, rosa Rock, lila Schürze.

Dass sich Sennerinnen von Alm zu Alm durch lautes Rufen – richtig: Almrufen – verständigten, war im alpinen Raum fast überall anzutreffen. Was es nur im Ausseerland gab, war das »Almschroa«, das Almschreien, das mit gejodelten Silben begann und endete. Dazwischen unterhielten sich die Sennerinnen oft stundenlang in gesungenen Dialogen und teilten ihre Neuigkeiten und was es sonst noch alles zu »besprechen« gab, mit einer unendlichen Vielfalt aus kodierten Brust- und Kopftönen mit. Eine so gut wie verschwundene Tradition, seit man auch auf der Alm Handyempfang hat. Welch ein Verlust!

Noch immer gepflegt werden hingegen die Flöten des Ausseerlands. Allerdings keine herkömmlichen, sondern die typischen Seitl- oder Schwegelpfeifen. Diese Urform einer Querflöte hat sechs Grifflöcher, die besondere Könner mit einer Hand spielen. Gefeiert werden die Virtuosen dieses und einer Reihe anderer Instrumente – darunter Geigen, Blechblasinstrumente, Maultrommel und Ziehharmonika – am Hohen Frauentag, dem 15. August. Dann kommen die Musiker und ein begeistertes Publikum aller Altersstufen auf einer der Almen im Salzkammergut zusammen und musizieren miteinander auf eine so mitreißende und unprätentiöse Art, dass es eine Freude ist.

Musik und Tanz gehören auch zu den Traditionen der Bergleute. Ob Berg- oder Barbarafest oder andere Festlichkeiten mit Bezug zum Bergbau: Die Salinenmusik Altaussee ist, als wesentliche kulturelle Botschafterin ihrer Zunft, immer dabei. Tritt die Salinenmusik auf, dann nennt sich das »Ausrückung«, und wenn dazu noch Bergmänner mit Schwertern tanzen, dann kann man sicher sein, dass es sich um eine Gelegenheit mit Seltenheitswert handelt. Berühmt wurde beispielsweise die Aufführung des »Pfannhauser Schwerttanzes« für Erzherzog Johann. Das war 1808 und faszinierte den Erzherzog so sehr, dass der die Reime und die Musik, die den Tanz begleiteten, aufzeichnen ließ. Die erstaunliche historische Tatsache hinter diesem Schwerttanz ist übrigens, dass Bergleute unter allen Berufsgruppen die Einzigen waren, die die Berechtigung hatten, ein Schwert zu tragen. Nicht nur, um sich selbst zu schützen, sondern vor allem, um Bergwerke und Salinen gegen übelwollende Gesellen verteidigen zu können.

Von Blumen und Lebkuchenherzen

Man könnte sich fast ein wenig wundern, warum es das Narzissenfest nicht schon viel, viel länger gibt. Tatsächlich nämlich wurde dieses berühmteste aller Ausseer Feste, das unzählige Gäste anlockt, in Mariazell erfunden und dann, Anfang der 1960er-Jahre, ins Ausseerland importiert und dort mit unbändiger Gestaltungslust adoptiert. Und so werden, wenn im Spätfrühling die Wiesen des Ausseerlandes in der weißen, betörend duftenden Pracht des Narcissus radiiflorus – der sternblütigen Narzisse – erstrahlen, die Blumen kübelweise gepflückt und dann in vorher konstruierte engmaschige Drahtgestelle aller nur denkbaren Formen geflochten. Diese Arbeit geschieht – damit die blumigen Skulpturen möglichst frisch aussehen – erst in der Nacht vor dem Fest. Eine beachtliche Leistung, wenn man bedenkt, dass

Von Blumen und Lebkuchenherzen

Grenzenlos scheint die Lust an Gestaltung, wenn beim alljährlichen Narzissenfest die mit vielen Narzissenblüten bestückten Figuren ihr Defilee auf dem See abhalten. Tom und Jerry belegten beim 60. Narzissenfest 2019 übrigens den Spitzenplatz.

größere Figuren aus rund 300 000 Narzissen bestehen. Gut drei Dutzend kunstvolle Figuren werden dann in einem Autokorso durchs Ausseerland gefahren, bevor sie – jährlich abwechselnd – am Grundlsee oder am Altausseersee vorsichtig von Autodächern und -anhängern auf Boote übersiedeln. Da steht man dann am jeweiligen Seeufer und bewundert Einfallsreichtum, Fleiß und Kunstfertigkeit, wenn röhrende Hirsche, Elefanten, geflügelte Pferde, monströse Lederhosen, Einhörner, Auerhähne, sogar ganze Hubschrauber und manchmal auch eine allseits bekannte Comicfigur über den See gleiten. Der Fantasie sind keine Grenzen gesetzt und zum

Glück auch nicht dem Wachstum der Narzissen: Gepflückt wird für dieses Fest nur ein Bruchteil der Blumen. Außerdem kräftig das Pflücken des Stiels und der Blüte die Knollen, die im Jahr darauf neuerlich umso prächtigere Narzissen hervorbringen.

»Kirisuntåg und Kirimontåg wegen Brauchtumspflege geschlossen.« Wenn dieses Schild im Garten des Schneiderwirts steht, dann ist wieder Kirtag, der in Altaussee mit schöner Regelmäßigkeit Jahr für Jahr am ersten Septemberwochenende stattfindet. Auf der großen Wiese steht dann das Bierzelt, in dem Unmengen an Bier und Grillhendln sowie eine beeindruckende Anzahl von

Plätten werden diese aus Einbäumen hervorgegangenen Flachboote genannt. Ihre typischen Spitzen heißen »Gransing« oder »Gransel«, und hergestellt werden sie aus verschiedenen Holzarten, darunter Lärchen- und Fichtenholz. Fortbewegt werden diese »Gondeln der Alpen« wie ihre venezianischen Verwandten stehend und mit nur einem Ruder, und es bedarf einiger Übung, um das Boot auch tatsächlich in jene Richtung zu bewegen, in die man will. Heute wird diese Virtuosität oft durch einen Elektromotor ersetzt.

Saiblingen von durstigen und hungrigen Gästen erstanden werden. Drei Tage lang – von Samstag bis Montag – wird gefeiert und musiziert, werden Lebkuchenherzen an die Liebsten verschenkt, trifft man Freunde. Es ist ein buntes, lautes, heiteres Fest, das seinen Höhepunkt hat, wenn die Ebenseer, die zu Fuß übers Tote Gebirge gewandert sind, in Altaussee ankommen. Die drei Tage haben allerdings sehr unterschiedliche Qualitäten: Der Samstag gehört den Gästen, weshalb er – nicht unfreundlich, aber einigermaßen ironisch – »Wiener Tag« genannt wird. Am Sonntagnachmittag fahren die meisten Gäste und auch die Zweitheimischen wieder weg, und so gehört der Montag ganz den Ausseern. Gefeiert wird der Kirtag übrigens seit 1961, und sein Reinerlös finanziert die örtliche Feuerwehr für ein ganzes Jahr. Beileibe kein schlechtes Ergebnis für dieses junge arbeitsintensive Brauchtum, ohne das man sich ein Ausseer Jahr gar nicht mehr vorstellen kann.

Von heilsamen Quellen und duftendem Reisig

Das Ausseerland hält gesund – und es macht gesund. Das ist nicht bloß ein schöner Spruch, sondern ganz konkret zu verstehen. Dem ausgeprägten Reizklima des Ausseerlands mit dem hohen Grad an Luftreinheit verdanken Altaussee und Grundlsee ihren Status als Luftkurort (Altaussee erhielt den Titel 1989, Grundlsee 2017). Dazu kommt das Salz, das einen wesentlichen Anteil an der Heilsamkeit dieses Refugiums am Rand des Toten Gebirges hat. Aussee wurde aufgrund der Heilkraft der Sole bekanntlich bereits 1868 zum Kurort ernannt und 1911 mit dem Zusatz »Bad« geadelt. Und als im Jahr 1918 der Scheibenstollen auf dem Sandling angestochen wurde, stieß man zwar nicht auf große Salzadern, dafür aber auf eine Glaubersalzquelle, deren gesundheitsfördernde balneologische Qualität beispielsweise jene der Karlsbader Heilquelle weit übertrifft. Im Jahr 1961 wurde diese besondere Quelle gefasst, alle fünf Jahre wird sie seither penibel auf ihre Zusammensetzung geprüft und bekommt dabei regelmäßig die Zulassung als Heil- und Kurmittel.

Eine Detoxkur à la Aussee ist also eine Frage des Geschmacks. Man kann in das Ausseerland reisen und wie die Gäste auf Sommerfrische nichts anderes tun, als die Luft zu genießen, die weiten Wälder, die Spaziergänge und Wanderungen auf die herrlichen Almen. Ein Segen ist die Bewegung in diesem weitläufigen Naturschutzgebiet in jedem Fall, und außerdem eine seelenhygienische Wohltat für stressmüde Stadtmenschen.

Man kann aber auch noch ein wenig mehr tun und sich um eine Trinkkur im Kurhaus kümmern. Dort bekommt man dann täglich entsprechend den individuellen Indikationen eine bestimmte Menge der Glaubersalzquelle aus dem Scheibenstollen, von dem eine Leitung ins Altausseer Kurhaus führt, verabreicht. Oder man nimmt ein Bad in wohlig warmer Sole und zieht sich für ein paar Stunden in eine Solegrotte nebst Soledampfbad zurück, was im Bad Ausseer Narzissen Vital Resort auch tageweise möglich ist. Das kräftigt den gesamten Organismus und wirkt heilsam auf den Bewegungs- und Verdauungsapparat sowie auf das Herz-Kreislauf-System.

Von heilsamen Quellen und duftendem Reisig

Abgesehen davon kann man ohne Aufwand und völlig kostenlos seinen Atemwegen und seinem Gemüt noch etwas besonders Gutes gönnen, und zwar in der Altausseer Gradieranlage, die 1956 errichtet wurde und seit damals ihren Dienst tut. In der Nähe der Seeklause wurden unter zwei miteinander verbundenen Dächern ein großes Holz- und ein Edelstahlgerüst errichtet, die beide Jahr für Jahr mit frischem Tannenreisig aus den Ausseer Wäldern bestückt werden. Über dieses Reisig tropft die Sole aus dem Scheibenstollen und setzt sanft die heilsamen ätherischen Öle des Tannenreisigs frei. In der runden Gradieranlage – jener mit dem Holzgerüst – kann man sich entweder außerhalb der Reisigwand niederlassen oder

Die Luft klirrend und kristallklar, der Schnee luftig und unberührt und der See vollkommen bewegungslos: Winter im Ausseerland – wenn es aussieht, als hätte sich die Landschaft schlafen gelegt – hat seinen ganz besonderen Reiz. Im Bild der zugefrorene Grundlsee mit der Villa Castiglioni.

innen, was die Wirkung noch intensiviert. Der Duft der Gradieranlage an einem sonnigen Sommertag ist unbeschreiblich – als wäre man gleichzeitig am Meer und in einem Gebirgswald. Eine Viertelstunde dort zu sitzen, den Tropfen zuzuhören, über nichts Weltbewegendes nachzudenken – das ist eine Kur für Körper, Seele und Geist, wie sie kaum sonstwo zu finden ist. Zwei Wochen dauert es jedes Jahr im Frühling, bis die Gradieranlage wieder einsatzbereit ist, und da sie einzigartig ist, steht sie mittlerweile sogar unter Denkmalschutz. Der Begriff »gradieren« übrigens kommt von »Grad« und bedeutet, dass die Anteile von Salz und ätherischen Ölen des Reisigs in der Umgebungsluft allmählich konzentriert, also intensiver werden.

Wie ein Fisch im Wasser

»Vischarn« – »Wo die Fischer wohnen«: Die mittelhochdeutsche Bezeichnung für das Gebiet des heutigen Altausseer Ortsteils Fischerndorf weist unmissverständlich darauf hin, wovon sich die Altausseer – vom Bergbau und den kleinen Bauernhöfen einmal abgesehen – ernährten. Dabei war man klug genug, die Fische einerseits nicht ausschließlich selbst zu verspeisen und andererseits die Fischereirechte auch nicht aufzugeben. Als nämlich Kaiser Maximilian I. sein Kammergut inspizierte und dabei bis ins Ausseerland kam, versuchte er, neben der Reorganisation der Salzindustrie, sich von dieser prachtvollen Gegend ein möglichst großes Stück zu sichern. Die Altausseer aber, hartnäckig und durch kaiserliche Begehrlich-

FISCHEREIRECHTE Die österreichische Fischerei liegt im Verantwortungsbereich der Bundesländer, womit Gesetzgebung und Vollzug Landessache sind. Das *Steiermärkische Fischereigesetz* stammt von 1999 und wurde in einigen Details zuletzt im Juli 2018 novelliert. Glücklicherweise muss sich jedoch kein Angler durch die insgesamt dreißig Paragrafen arbeiten, da Informationen darüber, wohin man sich in Aussee um eine Lizenz wenden kann, einfach auf der Tourismusinformation www.ausseerland.salzkammergut.at/sommer/fischen.html nachsehen kann. Übrigens muss es nicht unbedingt die Plätte am See sein, auch das Fliegenfischen in den Traunflüssen hat einen ganz besonderen Reiz.

---

keiten nicht so leicht zu beeindrucken, ließen sich zwar darauf ein, dem Hof einen fix vereinbarten Teil der Fische – die Zinsfische, die noch lebend in Holzfässer gefüllt wurden – zu liefern, das aber auf der Basis eigener Fischereirechte. Was schon im Anfang gut ist, kann Jahrhunderte überdauern, und so gehört der Altausseersee heute zwar den Bundesforsten, das Recht zu fischen aber liegt immer noch in den Händen einiger alteingesessener Fischerndorfer Familien. Anders ist das übrigens am Grundlsee, wo sich die Fischerei ab dem 12. Jahrhundert im Besitz des Landesfürsten befand und daher heute in jenem der Bundesforste.

Gleichgültig, wem das Recht zu fischen zusteht: Im kühlen sauberen Wasser von Altausseer-, Grundl-, Toplitz- und Kammersee gedeihen die Fische prächtig, wachsen langsam und bilden so ihr köstlich bissfestes Fleisch. Bachforellen gehören dazu, außerdem Hechte, Aalrutten, Flussbarsche und natürlich der König der Salzkammergutfische schlechthin: Salvelinus alpinus, der silbrige Saibling mit seinem rotgetupften Bauch.

Gefischt wird heute wie vor Hunderten von Jahren, abgesehen davon, dass die Fischer außer mit den traditionellen, flachbödigen Plätten nun auch mit Leichtmetallbooten hinausfahren und dass sie statt der alten textilen Netze heute solche aus Kunststoff verwenden. Sie werden abends in einer Tiefe von rund dreißig Metern ausgelegt und in aller Herrgottsfrüh wieder eingeholt.

Im Herbst, wenn die Laichzeit der Fische beginnt, haben die Fischer besonders viel zu tun. Dann werden nach jedem Fang Rogner (die weiblichen Fische) von Milchnern (männliche Fische) getrennt, der Rogen der Weibchen und die Milch der Männchen ausgestreift und beides mittels einer Gänsefeder vorsichtig vermischt. In Aufzuchtbecken werden nun Setzlinge herangezogen, die später im See ausgewildert werden.

Das Ausstreifen muss ebenso schnell wie vorsichtig über die Bühne gehen, denn die Rogner werden wieder in den See entlassen. Die Milchner aber sind der kulinarische Höhepunkt der Lechtpartien. »Lecht« bedeutet einfach »Laich«, und wenn die Fischer früher ihre Laich-

Die Ikone einer Liebe gegen alle Wahrscheinlichkeit: Um 1824 schuf Matthäus Loder dieses berühmte Aquarell, das Erzherzog Johann und Anna Plochl auf einer Plätte auf dem Grundlsee zeigt.

arbeit erledigt hatten, konnten sie sich in den Lechhütten selbst einen Fisch braten. Heute darf sich geehrt fühlen, wer zu einer solchen Lechpartie eingeladen wird. Die Fische werden in der Hütte ausgenommen, nur mit Salz eingerieben, auf Holzstöcke gespießt und rund um ein offenes Feuer platziert. Das Fichten- und Tannenholz verleiht den Fischen ein unnachahmliches Aroma und den Gästen ein abendliches Erlebnis, das sie wohl nie wieder vergessen werden.

Eine glückliche Ehe

Vielleicht die berühmteste aller Geschichten aus dem Ausseerland ist die von der Beziehung zwischen Erzherzog Johann und Anna Plochl – so morganatisch, dass der Wiener Hof entsetzt die Hände über dem Kopf zusammenschlug, so tief und unverbrüchlich, dass demselben letzten Endes nichts anderes übrigblieb, als seinen Segen zu geben.

Erzherzog Johann, geboren 1782, war der um vierzehn Jahre jüngere Bruder von Kaiser Franz II./I. Ein mehr als schwieriges Verhältnis, denn der Kaiser verlangte von seinen Familienmitgliedern absolute Unterwerfung, und das war etwas, das dem intelligenten, tatendurstigen und streckenweise ziemlich widerspenstigen Johann überhaupt nicht lag. Doch der Kaiser hatte seine Mittel und Wege, um den kleinen Bruder mit aller Härte in die Schranken zu weisen. Zuerst betraute er ihn mit einem Himmelfahrtskommando gegen Napoleon, das sich als Desaster erwies. Danach schickte Kaiser Franz seinen Bruder nach Tirol, wo Johann mit aller Energie darum kämpfte, das

Land bei Österreich zu behalten und nicht auch an Napoleon zu verlieren. Der Kaiser sagte seine Unterstützung zu, opferte dann Tirol 1809 aber doch.

In dieser Situation kam Erzherzog Johann in die Steiermark: »Als 1810 schwerer Kummer mich beinahe ins Grab gebracht, Tirol, Krain, ein Teil von Kärnten, Salzburg verloren gegangen, blieb mir noch die Steiermark übrig.« Ab 1818 begann er systematisch Güter in der Steiermark zu kaufen und seinen Brandhof in der Nähe von Mariazell zu einem Mustergut nach neuesten landwirtschaftlichen Erkenntnissen umzuwandeln. Doch das war noch lange nicht alles, was der »Steirische Prinz«, wie er bald genannt wurde, für die Steiermark tat: Die Bahnstrecke über den Semmering ist ebenso seiner Initiative und Hartnäckigkeit zu verdanken wie eine Reihe von kulturellen Institutionen, die Vorgängerin der Landwirtschaftskammer, eine Sozial- und Krankenversicherung für Bergarbeiter, eine Sparkasse, eine Brandschadenversicherung für Landwirte und vieles mehr. Erzherzog Johann dürfte sich wirklich für die Belange der Menschen interessiert haben, und er hat geholfen, wenn es notwendig war – etwas, das »über den Gesichtskreis der Herren Stubensitzer in Wien« weit hinausging, wie er einmal schrieb.

Im August 1819, als der Erzherzog im Ausseerland weilte, hat ihn wohl der Blitz in Form einer hübschen jungen Postmeisterstochter aus dem Markt Aussee getroffen. Erzherzog Johann war damals 37, Anna Plochl fünfzehn Jahre alt. Er war einige Tage im Toten Gebirge unterwegs gewesen, hatte Alpenblumen gesammelt, einen Wassersalamander bei einem Bergsee entdeckt und den Sennerinnen zugehört, wie sie sich von Alm zu Alm zuriefen. Als er zurück zum Toplitzsee kam, sah er dort

DORFGERICHTSBARKEIT Gößl ist nicht nur ein hübsches, sondern auch ein besonderes Dorf. Hier gibt es nämlich einen Friedensrichter oder – erstmals war dies 2017 der Fall – eine Friedensrichterin. Das Amt wird vom Oberhaupt einer der neun Gößler Familien jeweils für eine bestimmte Zeit übernommen. Äußeres Zeichen für die Amtsübergabe ist eine geschnitzte Holzkassette, in der sich die Dorfchronik nebst einigen Schlüsseln – zu Alm- und Bootshütten – befindet. Alles, was sich in der Abgeschiedenheit Gößls regeln lässt, wird vor dem Dorfrichter geregelt. Es scheint hervorragend zu funktionieren, denn öffentliche Gerichte sollen mit Gößler Angelegenheiten seit Generationen nichts mehr zu tun gehabt haben.

---

ein Boot mit vier heiteren jungen Frauen. Eine von ihnen war die später berühmte Ausseer Postmeisterstocher. Sommerlicher Leichtsinn, könnte man denken, die amouröse Anwandlung eines in die Jahre gekommenen Herrn und eines jungen Mädchens, ein Strohfeuer. Irrtum, denn es war, als hätten sich zwei gesucht und gefunden. Die Beziehung nämlich hielt gegen alle Umstände, gegen alle Erwartungen und ungeachtet dessen, dass von beiden viel Geduld gefordert war.

Drei Jahre später machte der Erzherzog seinem Nannerl einen Antrag. Kurz darauf informierte er seinen kaiserlichen Bruder über diese Beziehung, die natürlich längst als Gerücht die Runde gemacht hatte. Der Kaiser stimmte einer Legitimierung zuerst zu, nur um dies bald darauf wieder zu revidieren. Anna Plochl zog – zum nicht geringen Entsetzen der habsburgischen Verwandtschaft – trotzdem auf dem Brandhof ein, wo sie die Wirtschaftsführung übernahm. Um diesem schlampigen Zustand ein Ende zu bereiten, genehmigte Kaiser Franz II./I. 1829 endlich die Hochzeit, die in aller Stille und Eile über die Bühne ging und auch nicht öffentlich bekannt gegeben wurde. Erst sechs Jahre später durfte sich Johann zu seiner Frau bekennen, die 1834 in den Rang einer Freifrau von Brandhofen erhoben wurde. Dass der Kaiser eine Forderung an seine »Großzügigkeit« band, versteht sich fast von selbst: Obwohl Erzherzog Johann der Sohn und der Bruder eines Kaisers war, würden Kinder aus seiner Ehe mit Anna Plochl nicht als Mitglieder des Hauses Habsburg gelten. Nun, der Erzherzog und seine Frau hatten einen Sohn: Franz Ludwig, geboren 1839. Er wurde zum Grafen von Meran ernannt und übernahm später die Verwaltung der Betriebe und Einrichtungen, die sein Vater ins Leben gerufen hatte.

Erzherzog Johann starb im Mai 1859, seine Frau Anna überlebte ihn um mehr als ein Vierteljahrhundert. Jahr für Jahr kehrte sie im Sommer ins Ausseerland zurück und wohnte dann immer in ihrem Elternhaus am heutigen Meranplatz in Bad Aussee, wo sie 1885 starb. Ihr Sohn blieb der Region ebenso treu wie die meisten seiner sieben Kinder und deren Nachkommen – darunter die Familie Harnoncourt –, die ihre Sommer bis heute am Grundlsee verbringen.

Zu guter Letzt

Das Ausseerland, diese liebreizende und manchmal doch recht spröde Mitte Österreichs hat es nicht einfach. Die lange Tradition der Zweiheimischen hat gerade bei diesen immer wieder Begehrlichkeiten geweckt. Es ist ein wenig wie der Venedig-Effekt: Einerseits sind die Ausseer nicht abgeneigt, die Fremden hereinzulassen, mit diesen zu teilen, was ihnen selbst aufgrund eines beglückenden Geburtsrechts in den Schoß gefallen ist, den Gästen Häuser und Stuben zu öffnen. Anderseits grenzen sie sich ab und halten ihre Karten verdeckt. Auf einem anderen Blatt wiederum steht die – durchaus verständliche – begeisterte Aufregung einiger, wenn der berühmte Daniel Craig anreist, um in seiner Paraderolle als James Bond eine rasante Verfolgungsjagd zwischen Seewiese und Dorf zu drehen. Die fotografischen Relikte dieses medienwirksamen Ereignisses lassen sich noch heute im Jagdhaus in der Seewiese bewundern.

Das Ausseerland ist eben, wie Alfred Komarek wohl ganz richtig anmerkte, ein »seltsamer Mikrokosmos«, zu dessen wirklichem Kern durchzudringen fast unmöglich ist. Manchmal nämlich reagieren die Gäste auf so manche infrastrukturelle Veränderung weitaus harscher als die Ausseer selbst, dann wieder sind es die Ausseer (in diesem speziellen Fall: die Altausseer), die auf die Barrikaden gehen und eine neue Partei gründen, um allzu großer Gier und wahrscheinlichem Raubbau Einhalt zu gebieten. Ein unablässiges Changieren zwischen Aufgeschlossenheit und Verweigerung, zwischen Veränderung und Dauer – kurz gesagt: ein Rätsel für jeden Außenstehenden. Man kann dem im Hinblick auf eine gedeihliche Koexistenz, die dem Alltag ohnehin nicht unbedingt standhalten muss, wahrscheinlich nur mit Gelassenheit, sehr viel Zuneigung und vor allem einem guten Maß an Respekt beggenen.

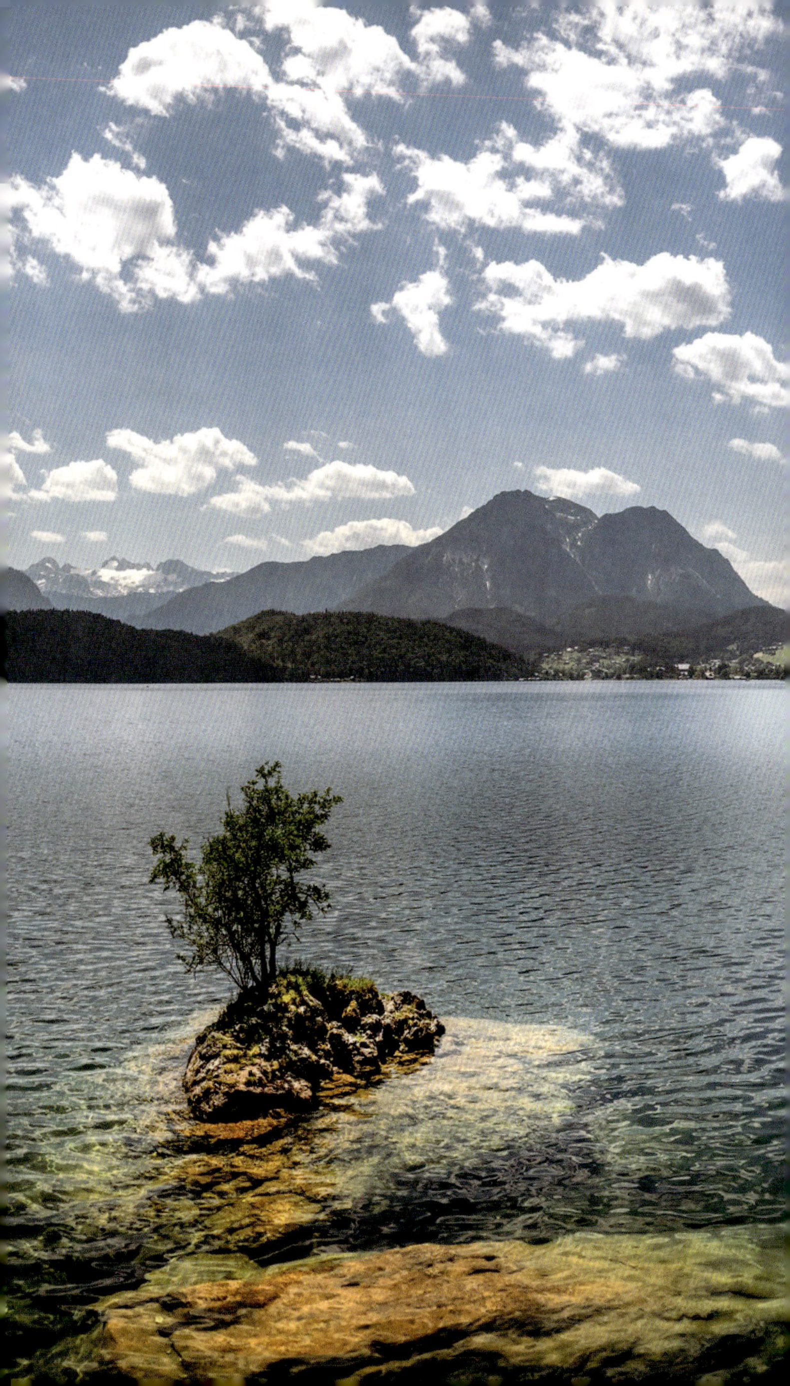

ANHANG

Personenregister

Albrecht I., römisch-deutscher König und Herzog von Österreich 31
Ambesser, Axel von 87
Amon, Karl 88
Andrian-Werburg, Ferdinand Leopold Freiherr von 75, 93, 103
Andrian-Werburg, Leopold Ferdinand Freiherr von 74 f.
Anna, Gräfin von Meran
  siehe Plochl, Anna
Auernheimer, Raoul 77, 79
August, Herzog von Sachsen 19
Auspitz, Rudolf 89

Bahr, Hermann 74
Beer-Hofmann, Richard 74, 76 f.
Bellotto, Bernardo, gen. Canaletto 19
Biermösel 96
Binzer, August Daniel von 69, 79
Binzer, Emilie von 69
Binzer, Karl von 79
Bithner, Jakob 39
Bond, James 119
Bormann, Martin 48, 51
Brahms, Johannes 81
Brandauer, Klaus Maria 73 f.
Brandhofen, Freifrau von
  siehe Plochl, Anna
Brandt, Bill 87
Bruegel, Pieter 53
Buonarroti, Michelangelo 53

Caledon, Denis Alexander 6th Earl of 70
Castiglioni, Camillo 84 ff.
Castiglioni, Iphigenie 85 f.
Craig, Daniel 119
Czernin von und zu Chudenitz, Otto Maria Graf 20, 82
Czernin, Jaromir Graf von 48

Dahlke, Paul 88
Doblhoff-Dier, Josef von 78
Döblin, Alfred 77
Dreyfus, Alfred 73
Dürer, Albrecht 53
Dutzler, Herbert 96
Dworschak, Fritz 48

Eigruber, August 50, 53 f.
Elisabeth, Kaiserin von Österreich 71
Elßler, Fanny 69
Eltz, Johanna Gräfin zu 14, 16, 66 f., 93
Engel, Isidor 28
Eyck, Hubert van 48
Eyck, Jan van 48

Feilacher, Johann 19
Ferdinand I., Kaiser des Hl. Römischen Reiches Deutscher Nation 36
Franz II./I., Kaiser von Österreich 64, 115, 117
Franz Joseph, Kaiser von Österreich 65 f., 69, 92
Franz Karl, Erzherzog von Österreich 64
Franz Ludwig, Graf von Meran 118
Freud, Anna 87
Freud, Sigmund 83
Friedrich I., gen. Barbarossa, Kaiser des Hl. Römischen Reiches Deutscher Nation 29
Friedrich II., gen. der Streitbare, Herzog von Österreich und der Steiermark 33
Friedrich III., Kaiser des Hl. Römischen Reiches Deutscher Nation 17, 20, 33 f.
Frischmuth, Barbara 23, 70, 89
Frischmuth, Michael 70
Fröhlich, Joseph 18 ff.

Gabillon, Ludwig 88
Gasperlmaier, Franz 96

Anhang

George, Stefan 75
Geramb, Viktor von 84
Glinz, Anton 54
Goebbels, Joseph 45 f., 88
Goertz, Marianne 73, 89
Goldstein, Paul 74
Göring, Hermann 51
Görz und Tirol, Elisabeth von 31
Götz, Josef Dr. 63
Grillparzer, Franz 69
Grünbaum, Fritz 48
Gryl, Hois 39
Gurlitt, Hildebrand 47

Haberstock, Karl 47
Harnoncourt, Familie 118
Haselnus, Trachten- u. Maßschneiderei 97
Haupt, Esaias 39
Heinrich VI., Kaiser des Hl. Römischen Reiches Deutscher Nation 29
Herzmanovsky-Orlando, Fritz von 74
Herzheimer, Hans 38 ff.
Herzl, Theodor 73 f., 76 ff.
Hildebrand, Hans Olof 28
Hitler, Adolf 46 ff., 51, 54
Hofmannsthal, Hugo von 63, 72 f., 75, 77
Högler, Otto 54 f.
Hohenlohe-Schillingsfürst, Chlodwig Carl Viktor Fürst zu 20, 65 ff., 71, 82, 96
Hohenlohe-Schillingsfürst, Marie Fürstin zu 67, 93
Hohenlohe-Schillingsfürst, Prinz Konstantin zu 66
Hohenlohe-Schillingsfürst, Prinz Moritz zu 67
Hörbiger, Attila 88

Jandl, Horst K. 79
Johann von Schwaben, Herzog von Österreich und Steyer, gen. Parricida 31
Johann, Erzherzog von Österreich 18, 61, 82, 106, 114 ff.
Jungwirth, Josef 50
Juraschek, Franz 49

Käfer, Daniel 96
Kain, Johann 72
Kainz, Josef 88
Kaltenbrunner, Ernst 54
Kändler, Johann Joachim 19
Kelsen, Hans 87
Kesselstatt, Philipp Graf 82
Kienzl, Wilhelm 80 f.
Kinsky von Wchinitz und Tettau, Ferdinand Bonaventura Fürst 20, 82
Köberl, Franz 17
Kohlross, Dr. Renate 96
Komarek, Alfred 82, 96, 119
Königsgarten, Ernst 50, 79
Kraus, Karl 75, 86
Kursner, Hanns 39

Lederer, Familie 49
Leithner, Hutmacherei 97
Lenau, Nikolaus 69, 94
Leopold V., Herzog von Österreich und der Steiermark 29
Lewis, Sinclair 87
Lingens, Peter Michael 94
Loder, Matthäus 114
Löhde, Wolfgang 59
Loos, Adolf 87
Loris *siehe* Hofmannsthal, Hugo von
Luther, Martin 40

Madjera, Wolfgang 78
Mahler, Alma 81
Mahler, Gustav 80 f.
Mann, Heinrich 77
Maria Theresia von Österreich 98
Mautner, Konrad 50, 83 f., 95
Mautner, Stephan 50
Mautner, Anna 95
Mautner, Isidor 83
Mautner, Jenny 83
Maximilian I., Kaiser des Hl. Römischen Reiches Deutscher Nation 17, 34, 36 f., 39, 112
Maximilian, Erzherzog von Österreich 69
Mayrhuber, Alois 88

Personenregister

Merian, Matthäus 34
Meyerbeer, Giacomo 74
Michel, Hermann 54
Munk, Aranka 50
Musil, Robert 87

Napoleon, Kaiser der Franzosen 115
Nassau, Herzog Adolph von 70
Neuenfels, Hans 89
Neumann-Viertel, Elisabeth 87

Ott, Elfriede 88 f.
Ottokar III., Markgraf 29

Patton, George 50
Plochl, Anna 18, 61, 82, 114, 115 ff.
Pöchmüller, Emmerich 50, 54
Posey, Robert Captain 55
Posse, Hans 47
Praunfalk, Christoph 40

Raich, Christian 95, 97
Ramsauer, Johann Georg 27 f., 31
Rastl Gwand 97
Raudaschl, Alois 54
Rebenburg, Hans von 83
Rebhandl, Manfred 96
Reinhardt, Max 85
Reischauer, Martina 97
Rembrandt van Rijn 53
Roth, François 45
Roth, Jean 45
Rothschild Louis 48
Rothschild, Alphonse 48
Rothschild, Edouard de 48
Rudolf I., römisch-deutscher König 33

Salm-Reifferscheidt-Krautheim und Dyk, Prinzessin Rosa zu 67
Salten, Felix 74
Schmiedel, Gottfried 19
Schneiderwirt 66, 74, 102, 108
Schnitzler, Arthur 73 f., 76 f.
Schönberg, Arnold 87
Schönborn, Gräfin Hanna *siehe* Eltz, Johanna Gräfin zu

Schrader, Hilde 50
Schraml, Ferdinand 17
Schraml, Max 87
Schreiber, Dr. Josef 80
Schwarzwald, Eugenie 86 f.
Schwind, Franz von 41, 69
Schwind, Moritz von 41, 69
Seiberl, Herbert 49 ff., 54
Serkin, Rudolf 87
Sieber, Karl 56
Simony, Friedrich 69, 76
Sophie, Erzherzogin von Österreich 64
Spiel, Hilde 87
Spitzer, Daniel 94
Sponheim, Erzbischof Philipp von 31
Steinhuber, Tracht & Mode 97
Stifter, Adalbert 68 f.
Stolz, Robert 78
Storm, Alex 79
Strachwitz, Moritz Graf 82
Strauss, Richard 81, 94

Tichy, Hans 50
Tizian 53
Torberg, Friedrich 7, 76 f., 82
Torberg, Marietta 78
Trissenaar, Elisabeth 89

Vermeer, Jan 47
Voss, Hermann 48

Wágner, Ladislaus von 81
Wassermann, Jakob 73 f., 77, 81, 87, 91
Wassermann, Marta 73
Weigel, Helene 87
Weil, Robert 78
Wellesz, Egon 81
Wessely, Paula 88
Wilhelm II., Deutscher Kaiser 65
Wirer, Franz de Paula Augustin, Ritter von Rettenbach 63 f.
Wolffhardt, Friedrich 46, 48, 56
Wunderbaldinger, Maximilian von 41 f.

Zedlitz, Josef Christian Freiherr von 68 f.
Zuckmayer, Carl 87

Bibliografie (Auswahl)

ANDRIAN, Ferdinand von: *Die Altausseer.* Wien 1905. Unveränderter Nachdruck: Altaussee 2020

AUERBÖCK, Christoph Franz: *Ausseer Fasching – eine ethnologische Betrachtung.* Diss., Wien 2009

DELANY, Paul: *Bill Brandt: A Life.* Stanford, Kalifornien 2003

ELTZ, Johanna Gräfin zu: *Das Ausseer Land.* Mit Federzeichnungen von Christine Kerry. O. O. 1947. Unveränderter Nachdruck: Altaussee 1981

GAISWINKLER, Erich: *Steirisches Salzkammergut. Spazierwege, Wanderungen, Bergtouren.* Liezen 1995

GAISWINKLER, Monika/Herfried MAREK/Rainer TUPPINGER: *Altaussee. Ein Schatz im Salzkammergut.* Wörschach 2016

GRIESER, Dietmar: *Nachsommertraum im Salzkammergut. Eine literarische Spurensuche.* Frankfurt/Main 1996

HOFER, Konrad: *Bad Aussee und seine natürlichen Heilkräfte: Österreichs Karlsbad. 100 Jahre Kurort.* Bad Aussee 1968

KOMAREK, Alfred: *Ausseerland. Die Bühne hinter den Kulissen.* Wien 1992

KRAJICEK, Helmut: *Die Ausseer Tracht.* In: *Österreichische Zeitschrift für Volkskunde.* Wien 1979

KRAMAR, Konrad: *Mission Michelangelo. Wie die Bergleute von Altaussee Hitlers Raubkunst vor der Vernichtung retteten.* St. Pölten–Salzburg–Wien 2013

LANGER, Friedrich (Hg.): *Ausseer Regenbüchlein.* Graz ca. 1986

MAYRHUBER, Alois: *Künstler im Ausseerland.* Hrsg. von Friedrich Langer. Graz–Wien–Köln 1995

OSWALD, Yvonne: *Ausseerland.* Wien 2014

SCHLÜTER, Reinhard: *Der Haifisch. Aufstieg und Fall des Camillo Castiglioni.* Wien 2015

SCHOEPS, Julius H.: *Theodor Herzl. 1860–1904.* Wien 1995

STERNTHAL, Barbara: *Sigmund Freud. 1856–1939. Leben und Werk.* Wien 2006

STERNTHAL, Barbara: *Imperiales Wien. Mythos und Wahrheit.* Wien 2011

WEBERHOFER, Marcus Christoph: *Bergmännische Volkskultur in Altaussee. Brauchtum in Epik, Tanz und Musik.* Bachelorarbeit. Graz 2016

Gemeindezeitungen

Alpenpost. *Zeitung des Steirischen Salzkammergutes.* Bad Aussee. Div. Ausgaben, u. a. Nr. 16/2008, Nr. 16/2012

Der Altausseer. *Mitteilungen & Nachrichten der Gemeinde Altaussee.* Altaussee. Div. Ausgaben, u. a. Folge 2/2021

Der Ausseer. Land & Leute im Ausseerland. *Das Magazin der Stadtgemeinde Bad Aussee. Amtliche Mitteilung.* Bad Aussee. Div. Ausgaben, u. a. Sonderausgabe März 2021

Der Grundlseer Wassermann. *Amtliche Mitteilungen der Gemeinde Grundlsee.* Grundlsee. Div. Ausgaben, u. a. Ausgabe Nr. 2/2019

Internet

altaussee.at

badaussee.at

grundlsee.at

ausseerland.salzkammergut.at

Anhang

Bildnachweis

APA/PICTUREDESK.COM: Cover (Andreas Strauß/Lookphotos), 6 (Michael Riehle/laif), 27 (Archiv Gerald Piffl/Imagno), 51, 52, 53 (General/TopFoto), 57 (Rainer Mirau), 68 (Martin Siepmann/Westend61), 73, 80, 108, 114 (Austrian Archives/Imagno), 86 li (Österr. Volksschularchiv/Imagno), 101 (Barbara Gindl/APA)

CHRISTOPHER DIETZ, WIEN: 13, 30, 76

KATHARINA GOSSOW, WIEN: 62, 90, 95, 104

PRIVAT: 64

WIKIMEDIA COMMONS: 10, 40, 60 (Martin Geisler), 16, 58 (Funke), 19 (Wadsworth Atheneum, Hartford, Connecticut), 21 (Bernhard T.), 24 (Dromedar61), 34, 38, 47, 55 (N. N.), 44 (Wilhelm Leimlehner), 85 (Christian Pirkl), 86 re (Grete Kolliner), 107 (Martin Huber), 111 (Ioan Sendroiu), 120 (Bernd Thaller)

Verlag und Autorin haben sich bemüht, mit allen Rechteinhabern Kontakt aufzunehmen. Wo dies trotz intensiver Recherche nicht gelungen ist, wird darum gebeten, allfällige Ansprüche zu den üblichen Bedingungen beim Verlag anzumelden.

Dank

Zuallererst danke an Markus Schrom und Heinz Korntner, die sich mit unkomplizierter Zuversicht dazu entschlossen haben, dieses Aussee-Brevier zu publizieren. Nicht zuletzt ihnen verdanke ich, dass ich mich seit Jahren bei Manz zu Hause fühle – und das, obwohl ich keine Juristin bin. Besonders herzlich danke natürlich wie immer an Christopher Dietz, meinen langjährigen Freund und so enorm stilsicheren Textkomplizen. Ein mehrfaches Dankeschön geht auch nach Altaussee: an Monika Gaiswinkler, die mich an ihrem schier grenzenlosen Wissen über das Ausseerland teilhaben ließ, an Marianne Goertz, die umsichtige Gastgeberin und Literaturfachfrau, an Gudrun Suchanek, deren Altausseer Buchhandlung »Buch und Boot« ein veritables Refugium für Bibliophile ist, und an Jutta und Franz Hütter für ihren paradiesischen Garten und ein paar wesentliche Details, ohne die diesem Buch etwas fehlen würde. Und weil ein Buch über Aussee nie zu hundert Prozent vollständig sein kann: Lücken und allfällige Unschärfen gehen ausschließlich zu meinen Lasten.

Die Autorin

Barbara Sternthal, promovierte Theater- und Kommunikationswissenschaftlerin, ist Autorin, Übersetzerin und Redakteurin. Ihre thematischen Schwerpunkte: Biografien (darunter über Freud, Klimt, Schiele), Reisen, Kunst, Kultur und Geschichte, Architektur und Design sowie Unternehmensbiografien. Zahlreiche Publikationen zum Wiener Fin de Siècle, über spezielle Aspekte europäischer Städte und vieles mehr. Sie lebt in Wien.

**Ku'damm,
Kiez und
Currywurst**

2020. 148 Seiten. Geb.
ISBN 978-3-214-07343-5

29,00 EUR
inkl. MwSt.

**Habsburg,
Hofrat,
Heuriger**

2013. 148 Seiten. Geb.
ISBN 978-3-214-00721-8

24,00 EUR
inkl. MwSt.

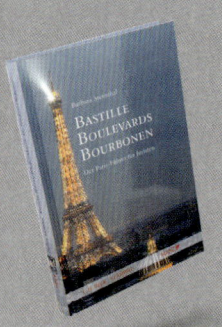

**Bastille,
Boulevards,
Bourbonen**

2012. 140 Seiten. Geb.
ISBN 978-3-214-00499-6

24,00 EUR
inkl. MwSt.

**Dogen,
Diebe,
Delinquenten**

2010. 136 Seiten. Geb.
ISBN 978-3-214-00502-3

24,00 EUR
inkl. MwSt.

Reiseführer (nicht nur) für Juristen

shop.**manz**.at

MANZ